Gerhard Vierbuchen

Training Topografie

Rätsel und Spiele
für den Erdkundeunterricht

Sekundarstufe I

DEUTSCHLAND – EUROPA
AFRIKA – AMERIKA – ASIEN – AUSTRALIEN

Auer Verlag GmbH

Gedruckt auf umweltbewusst gefertigtem, chlorfrei
gebleichtem und alterungsbeständigem Papier.

2. Auflage. 2002
© by Auer Verlag GmbH, Donauwörth
Alle Rechte vorbehalten
Illustrationen: Cartoonstudio Meder
Gesamtherstellung: Ludwig Auer GmbH, Donauwörth
ISBN 3-403-02770-8

Inhalt

Vorwort

Täglich und in allen Medien begegnen den Schülerinnen und Schülern die Namen von Städten, Staaten, Gewässern und Gebirgen. Auch im Erdkundeunterricht müssen ständig „Objekte" auf der Erdoberfläche lokalisiert, durch Namen identifiziert und durch die Aneignung von Lagevorstellungen verfügbar gemacht werden.

Der Umgang mit dem Atlas und das Auffinden von Karten und Orten sind Grundfertigkeiten, deren systematisches Training erst die Voraussetzung für die Erarbeitung thematischer Lerninhalte bildet. Im Vordergrund steht dabei jedoch nicht der Erwerb topografischer Kenntnisse im Sinne eines Lexikonwissens, um in vielfältigen Situationen sofort über Namen und Lagevorstellungen verfügen zu können. Es geht hier viel mehr um das Training und die Vertiefung (Sicherung) ausgewählter geografischer Lern- und Arbeitstechniken.

Die eigenständige Auseinandersetzung mit den vorliegenden Rätseln und Spielen verfolgt also die Ziele:

- Arbeit mit Karte und Atlas trainieren bzw. vertiefen. Dazu zählt auch der sichere Umgang mit Namenregister, Kartenverzeichnis, Kartenübersicht und Legende.

- Erwerb und Verbesserung von topografischen Kenntnissen anhand ausgewählter Raumbeispiele, natürlich auch als ein Beitrag zur Förderung der Allgemeinbildung.

- Vertrautmachen mit aktuellen Namen von Staaten, Hauptstädten, Flüssen, Gebirgen etc.

- Förderung der eigenständigen Arbeit und der Selbstkontrolle.

Hinweise zum Einsatz der Materialien im Unterricht

- Die Materialien sind in Einzel-, Partner- und Gruppenarbeit einsetzbar.

- Sie bieten sich an
  - zur topografischen Einführung neuer Raumbeispiele,
  - im offenen Unterricht (Wochenplan, Lernzirkel),
  - zur vertiefenden Übung für anstehende Tests oder zur Vorbereitung von Eignungstests,
  - zum Einsatz in Vertretungsstunden.

- Alle Aufgaben sind mit Hilfe von Karten im Atlas zu lösen. Die Schülerinnen und Schüler sollten immer versuchen, selbst eine geeignete Karte zu finden. Besonders wichtig ist hierbei das vertiefende Training bzw. der sichere Umgang mit dem Namenregister, der Kartenübersicht und dem Kartenverzeichnis.

- Zur gezielten topografischen Einführung in neue Raumbeispiele bietet es sich an, Teilausschnitte aus den verschiedenen Materialien neu zusammenzustellen, zu kopieren und zu laminieren.

- Laminierte oder folierte Materialien sollte man – in Abhängigkeit von der Klassenstärke – in drei bis sechs Exemplaren vorrätig halten. Das Kopieren auf farbiges Papier (Afrika grün, Asien gelb …), erleichtert das spätere Rücksortieren der ausgegebenen Karten.

- Sind mehrere solcher Kartensätze vorhanden, können verschiedene Kleingruppen parallel arbeiten. Innerhalb der Gruppen sollte das vorbereitete Material nacheinander bearbeitet werden, denn durch die aktive Auseinandersetzung mit den unterschiedlichen Rätselformen werden die topografischen Kenntnisse schrittweise vertieft und verbessert.

- Auch die Selbstkontrolle kann geübt werden. Kontrolllisten, die nur an Gruppen ausgegeben werden, die fertige Lösungen vorweisen können, helfen den Schülerinnen und Schülern dabei. Bei einigen laminierten Karten befinden sich die Lösungen auf der Rückseite (z. B. „Deutschlandrallye").

- Bei den Materialien zu „Wanted – Gesucht" und „1, 2 oder 3" bietet es sich an, die vorliegenden Aufgaben seitenweise auf farbiges Papier zu kopieren (für jeden Erdteil eine Farbe) und anschließend zu laminieren. Wenn man die einzelnen Aufgaben dann ausschneidet, können die Fragekarten einfach ausgewählt und flexibel zusammengestellt werden (z. B. Fragen aus allen Erdteilen gemischt als Quiz für Vertretungsstunden oder nach Raumbeispielen sortiert zur Einführung in ein bestimmtes Thema). Das verschiedenfarbige Papier für die einzelnen Kontinente hilft nicht nur beim Rücksortieren, es erleichtert auch das Zusammenstellen von „Fragepaketen".

- Bei Klassen, die in offeneren Unterrichtsformen erfahren sind bzw. diese trainieren, bietet es sich an, einige Exemplare dieser kopierten Kartensätze im Klassenraum vorzuhalten, so dass sie immer für interessierte Schüler zur Verfügung stehen.

Wanted – Gesucht

Gesucht werden: Staaten, Städte, Flüsse, Berge und Inseln in Europa

E 1   Staat gesucht

Tipp 1   Binnenstaat
Tipp 2   Nachbar Deutschlands
Tipp 3   Entstanden am 1. 1. 1993
Tipp 4   Landeshauptstadt: Prag

E 2   Insel gesucht

Tipp 1   Liegt im Mittelmeer
Tipp 2   Gehört zu Italien
Tipp 3   Größte Stadt der Insel: Palermo
Tipp 4   Höchste Erhebung: Ätna

E 3   Fluss gesucht

Tipp 1   Hat zwei Quellflüsse
Tipp 2   Entspringt im Schwarzwald
Tipp 3   Fließt durch Passau, Ulm, Wien
Tipp 4   Mündet ins Schwarze Meer

E 4   Staat gesucht

Tipp 1   Staat liegt im Gebirge
Tipp 2   Die Landeshauptstadt liegt am Rhein
Tipp 3   Nachbar der Schweiz
Tipp 4   Landeshauptstadt: Vaduz

E 5   Urlaubsort gesucht

Tipp 1   Ich erhole mich am Wasser
Tipp 2   Ich bin auf einer Insel
Tipp 3   Bei Ebbe wandere ich im Watt
Tipp 4   Die Nachbarinseln heißen Norderney und Langeoog

E 6   Stadt gesucht

Tipp 1   Liegt in Südosteuropa
Tipp 2   Landeshauptstadt
Tipp 3   Liegt an der Donau
Tipp 4   Hauptstadt von Ungarn

E 7   Berg gesucht

Tipp 1   Liegt in den Westalpen
Tipp 2   Er ist 4807 m hoch
Tipp 3   Liegt im Grenzbereich: Schweiz-Frankreich
Tipp 4   Höchster Berg Europas

E 8   Staat gesucht

Tipp 1   Liegt in Südosteuropa
Tipp 2   Grenzt u. a. an Griechenland, die Türkei und Rumänien
Tipp 3   Liegt am Schwarzen Meer
Tipp 4   Landeshauptstadt: Sofia

E 9   Staat gesucht

Tipp 1   Liegt an der Ostsee
Tipp 2   Gehörte früher zur UdSSR
Tipp 3   Die Memel fließt durchs Land
Tipp 4   Landeshauptstadt: Wilna (Vilnius)

E 10   Staat gesucht

Tipp 1   Liegt in Südosteuropa
Tipp 2   Gehörte früher zu Jugoslawien
Tipp 3   Liegt an der Adria
Tipp 4   Landeshauptstadt: Zagreb

Wanted – Gesucht

Gesucht werden: Staaten, Städte, Flüsse, Berge und Inseln
in Europa

E 11 Fluss gesucht

Tipp 1 Entspringt in der Schweiz
Tipp 2 Fließt durch den Genfer See
Tipp 3 Fließt durch Lyon und Avignon
Tipp 4 Mündet ins Mittelmeer

E 12 Staat gesucht

Tipp 1 Junger osteuropäischer Staat
Tipp 2 „Kornkammer" der ehemaligen UdSSR
Tipp 3 Grenzt ans Schwarze Meer
Tipp 4 Landeshauptstadt: Kiew

E 13 Fluss gesucht

Tipp 1 Entspringt in der Tschechischen Republik
Tipp 2 Mündet in die Ostsee
Tipp 3 Fließt durch Breslau (Polen)
Tipp 4 Bildet deutsche Ostgrenze

E 14 Inselgruppe gesucht

Tipp 1 Liegt im westlichen Mittelmeer
Tipp 2 Bekanntes Urlaubsziel
Tipp 3 Gehört zu Spanien
Tipp 4 Zur Inselgruppe gehört Mallorca

E 15 Fluss gesucht

Tipp 1 Linker Nebenfluss des Rheins
Tipp 2 Entspringt im Saarland
Tipp 3 Südliche Begrenzung des Hunsrücks
Tipp 4 Mündet bei Bingen in den Rhein

E 16 Staat gesucht

Tipp 1 Gehört zu Skandinavien
Tipp 2 Liegt nicht an der Ostsee
Tipp 3 Zahlreiche Fjorde an der Westküste
Tipp 4 Landeshauptstadt: Oslo

E 17 Fluss gesucht

Tipp 1 Osteuropäischer Fluss
Tipp 2 Kennzeichen: zahlreiche Stauseen mit Großkraftwerken
Tipp 3 Mündet ins Kaspische Meer
Tipp 4 Längster Fluss Europas

E 18 Insel gesucht

Tipp 1 Liegt im westlichen Mittelmeer
Tipp 2 Südlich liegt Sardinien
Tipp 3 Hier wurde Napoleon geboren
Tipp 4 Gehört zu Frankreich

E 19 Staat gesucht

Tipp 1 Zwergstaat
Tipp 2 Liegt im Gebirge
Tipp 3 Republik
Tipp 4 Liegt im Grenzbereich: Spanien-Frankreich

E 20 Fluss gesucht

Tipp 1 Entspringt in der Schweiz
Tipp 2 Am Fluss liegen drei deutsche Landeshauptstädte
Tipp 3 Fließt durch den Bodensee
Tipp 4 Delta im Mündungsbereich

Wanted – Gesucht

Gesucht werden: Staaten, Städte, Flüsse, Berge und Inseln
in Europa

E 21   Staat gesucht

Tipp 1   Waldreichstes Land
          Europas
Tipp 2   Liegt in Skandinavien
Tipp 3   Land der 1000 Seen
Tipp 4   Landeshauptstadt: Helsinki

E 22   Staat gesucht

Tipp 1   Königreich
Tipp 2   Nachbar Deutschlands
Tipp 3   Die Landeshauptstadt liegt auf einer Insel
Tipp 4   Die Landeshauptstadt heißt Kopenhagen

E 23   Berg gesucht

Tipp 1   Liegt in Deutschland
Tipp 2   Im Wettersteingebirge
Tipp 3   Südlich von Garmisch-Partenkirchen
Tipp 4   Deutschlands höchster Berg

E 24   Staat gesucht

Tipp 1   Inselstaat
Tipp 2   Liegt im Atlantik
Tipp 3   Westlichstes Land Europas
Tipp 4   Landeshauptstadt: Reykjavik

E 25   Staat gesucht

Tipp 1   Liegt am Atlantik
Tipp 2   Teil einer Halbinsel
Tipp 3   Die Landeshauptstadt liegt an der
          Mündung des Tejo
Tipp 4   Sie heißt Lissabon

E 26   Wasserstraße gesucht

Tipp 1   Meerenge
Tipp 2   Zwischen Europa und Asien
Tipp 3   Verbindet Schwarzes Meer und Marmara-
          meer
Tipp 4   Am Südausgang liegt Istanbul

E 27   Staat gesucht

Tipp 1   Liegt im Mittelmeer
Tipp 2   Mitglied des britischen
          Commonwealth
Tipp 3   Seit 1964 unabhängig
Tipp 4   Landeshauptstadt: Valletta

E 28   Inselgruppe gesucht

Tipp 1   Liegt vor der Küste Afrikas
Tipp 2   Größtenteils vulkanische
          Inseln
Tipp 3   Bsp. Teneriffa, Lanzarote
Tipp 4   Gehört zu Spanien

Versuche doch selbst einmal, weitere Städte, Flüsse, Berge,
Gebirge, Staaten oder Inseln so zu beschreiben, dass deine
Mitschülerinnen und Mitschüler sie identifizieren können.

Wähle deine Tipps so aus, dass die Lösung eindeutig ist.

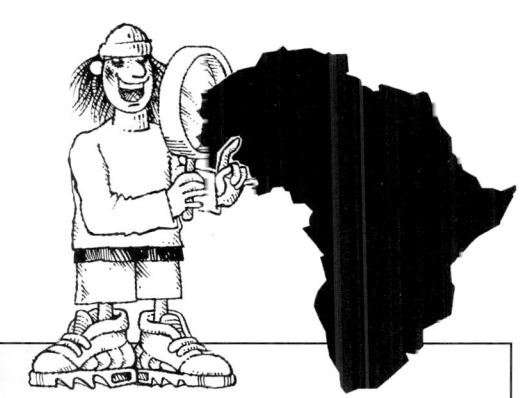

Wanted – Gesucht

Gesucht werden: Staaten, Städte, Flüsse, Berge und Inseln
in Afrika

Af 1   Fluss gesucht

Tipp 1   Fließt durch die Wüste
Tipp 2   Hat zwei Quellflüsse
Tipp 3   Fruchtbarer Unterlauf mit Delta
Tipp 4   Mündet ins Mittelmeer

Af 2   Staat gesucht

Tipp 1   Ehemalige französische Kolonie
Tipp 2   Große Gebiete mit tropischem
          Regenwald
Tipp 3   Heißt so wie ein afrik. Fluss
Tipp 4   Landeshauptstadt: Brazzaville

Af 3   Staat gesucht

Tipp 1   Binnenstaat
Tipp 2   Liegt an einer mächtigen Gebirgs-
          kette
Tipp 3   Liegt am Kiwusee
Tipp 4   Landeshauptstadt: Kigali

Af 4   Berg gesucht

Tipp 1   Höchstes Bergmassiv Afrikas
Tipp 2   Drei Vulkangipfel
Tipp 3   5895 m hoch, vergletschert
Tipp 4   Liegt im Grenzbereich zwischen Tansania
          und Kenia

Af 5   Landschaft gesucht

Tipp 1   Abflusslose Beckenlandschaft
Tipp 2   Überwiegend in Botsuana
Tipp 3   Lebensraum der Buschmänner
Tipp 4   Im Süden wüstenhaft, im Norden Busch-
          steppe

Af 6   Gebirge gesucht

Tipp 1   Küstengebirge
Tipp 2   In mehrere Ketten gegliedert
Tipp 3   Eingelagert: Hochebene der
          Schotts
Tipp 4   Liegt am Mittelmeer

Af 7   Staat gesucht

Tipp 1   Liegt am Golf von Guinea
Tipp 2   Tropenwald im Süden, im Norden
          Savanne
Tipp 3   Vom Niger durchflossen
Tipp 4   Hauptstadt Abuja (ehem. Lagos)

Af 8   See gesucht

Tipp 1   Drittgrößter See der Erde
Tipp 2   Größter See Afrikas
Tipp 3   Im ostafrikanischen Hochland
Tipp 4   Am See liegt u. a. Kenia

Af 9   Insel gesucht

Tipp 1   Koralleninsel
Tipp 2   Liegt im Indischen Ozean
Tipp 3   Tropisches Klima
Tipp 4   Gehört zu Tansania

Af 10   Stadt gesucht

Tipp 1   Wichtige Hafenstadt
Tipp 2   Verkehrs- und Handelszentrum
Tipp 3   Liegt am Atlantik
Tipp 4   In Südafrika, am Fuße des Tafelberges

Wanted – Gesucht

**Gesucht werden: Staaten, Städte, Flüsse, Berge und Inseln
in Amerika**

Am 1   Gebirge gesucht

Tipp 1   Junges Faltengebirge
Tipp 2   Reich an Vulkanen
Tipp 3   Bis zu 800 km breit
Tipp 4   Erstreckt sich von Venezuela
          bis zum Kap Hoorn

Am 2   Staat gesucht

Tipp 1   Überwiegend tropisches Klima
Tipp 2   Reich an Bodenschätzen
Tipp 3   Liegt am Atlantik
Tipp 4   Grenzt an zehn südamerikanische
          Staaten

Am 3   Insel gesucht

Tipp 1   Inselstaat in der Karibik
Tipp 2   Tropisches Klima
Tipp 3   1492 von Kolumbus entdeckt
Tipp 4   Hauptstadt: Havanna

Am 4   Inselgruppe gesucht

Tipp 1   Liegt im nördlichen Pazifik
Tipp 2   Acht größere Vulkaninseln
Tipp 3   Seit 1959 50. Bundesstaat der USA
Tipp 4   Hauptstadt: Honolulu

Am 5   Fluss gesucht

Tipp 1   Größter Strom Nordamerikas
Tipp 2   Mündet mit großem Delta …
Tipp 3   … in den Golf von Mexiko
Tipp 4   Mit dem Missouri über 6000 km lang

Am 6   Gebirge gesucht

Tipp 1   Höchste Erhebung: 6187 m
Tipp 2   Reich an Erzen, Kohlenlager
Tipp 3   Im Norden zum Teil vergletschert,
          im Süden Steppe
Tipp 4   Reicht von Alaska bis Texas

Am 7   Staat gesucht

Tipp 1   Wichtiger Fischereistaat
Tipp 2   Reiche Bodenschatzvorkommen
          (Kohle, Erze)
Tipp 3   Nachbar im Süden: USA
Tipp 4   Landeshauptstadt: Ottawa

Am 8   Stadt gesucht

Tipp 1   Größte Stadt Nordamerikas
Tipp 2   Sitz der UN
Tipp 3   Liegt am Atlantik
Tipp 4   Liegt großenteils auf Inseln des
          Hudson River

Am 9   Fluss gesucht

Tipp 1   Mündet in den Atlantik
Tipp 2   Über 200 Nebenflüsse
Tipp 3   Zweitgrößter Strom der Erde
Tipp 4   Inselreiche, 250 km breite Mündung

Am 10   Landschaft gesucht

Tipp 1   Bis 4000 m hoch gelegen
Tipp 2   Reiche Kupfer-, Zinn- und
          Silberlagerstätten
Tipp 3   Liegt in den Anden
Tipp 4   Wüste

Wanted – Gesucht

**Gesucht werden: Staaten, Städte, Flüsse, Berge und Inseln
in Asien**

As 1 **Staat gesucht**	**As 2** **Fluss gesucht**
Tipp 1 Moslemischer Staat Tipp 2 Gehörte bis 1947 zu Indien Tipp 3 Die fruchtbarsten Landes- teile findet man im Gangesdelta Tipp 4 Landeshauptstadt: Dhaka	Tipp 1 Schiffbar von Mai bis Oktober Tipp 2 Sibirischer Strom Tipp 3 Entspringt in der Nähe des Baikalsees Tipp 4 Mündet in die Laptewsee
As 3 **Gebirge gesucht**	**As 4** **Fluss gesucht**
Tipp 1 Liegt im Norden Indiens Tipp 2 Bildet die Wasserscheide zwischen Inner- und Südasien Tipp 3 Im Süden viele Gletscher Tipp 4 Höchster Berg: K 2	Tipp 1 Entspringt im Himalaja Tipp 2 Von Bedeutung für die Ent- wässerung in Pakistan Tipp 3 Bildet breites Delta Tipp 4 Mündet in das Arabische Meer
As 5 **Fluss gesucht**	**As 6** **Staat gesucht**
Tipp 1 Fließt in Vorderasien Tipp 2 An seinen Ufern bildeten sich schon früh Hochkulturen Tipp 3 Hat zwei Quellflüsse Tipp 4 Mündet in den Persischen Golf	Tipp 1 Liegt am Mittelmeer Tipp 2 Wüste Negev im Süden Tipp 3 Gegründet im Jahre 1948 Tipp 4 Landeshauptstadt: Jerusalem
As 7 **Fluss gesucht**	**As 8** **Staat gesucht**
Tipp 1 Entspringt in China Tipp 2 Grenzfluss zwischen Laos und Thailand Tipp 3 Mündet mit breitem Delta Tipp 4 Mündet ins Südchinesische Meer	Tipp 1 Binnenstaat Tipp 2 Schwer zugängliches Gebirgsland Tipp 3 Im NO liegt der Hindukusch Tipp 4 Nachbarn: Iran und Pakistan
As 9 **Fluss gesucht**	**As 10** **Staat gesucht**
Tipp 1 Wasserreichster Fluss Russlands Tipp 2 Von Oktober bis Mai vereist Tipp 3 Entspringt in der Mongolei Tipp 4 Mündet in die Karasee	Tipp 1 Industriestaat in Ostasien Tipp 2 Besteht aus vielen Inseln Tipp 3 Gefährdet durch Erdbeben Tipp 4 Extrem rohstoffarm

Wanted – Gesucht

Lösungen

Europa:

E 1	Tschechische Rep.	E 11	Rhône	E 21	Finnland
E 2	Sizilien	E 12	Ukraine	E 22	Dänemark
E 3	Donau	E 13	Oder	E 23	Zugspitze
E 4	Liechtenstein	E 14	Balearen	E 24	Island
E 5	Baltrum	E 15	Nahe	E 25	Portugal
E 6	Budapest	E 16	Norwegen	E 26	Bosporus
E 7	Montblanc	E 17	Wolga	E 27	Malta
E 8	Bulgarien	E 18	Korsika	E 28	Kanarische Inseln
E 9	Litauen	E 19	Andorra		
E 10	Kroatien	E 20	Rhein		

Afrika:

Af 1	Nil
Af 2	Kongo
Af 3	Ruanda
Af 4	Kilimandscharo
Af 5	Kalahari
Af 6	Atlasgebirge
Af 7	Nigeria
Af 8	Victoriasee
Af 9	Sansibar
Af 10	Kapstadt

Amerika:

Am 1	Anden
Am 2	Brasilien
Am 3	Kuba
Am 4	Hawaii
Am 5	Mississippi
Am 6	Rocky Mountains
Am 7	Kanada
Am 8	New York
Am 9	Amazonas
Am 10	Atacama

Asien:

As 1	Bangladesch
As 2	Lena
As 3	Karakorum
As 4	Indus
As 5	Euphrat
As 6	Israel
As 7	Mekong
As 8	Afghanistan
As 9	Jenissei
As 10	Japan

1 aus 5

DEUTSCHLAND

Suche jeweils den Begriff, der nicht passt! Begründe deine Auswahl!

Beispiel:	Donau, Elbe, Rhein, Weichsel, Weser
Außen-seiter	Die **Weichsel** ist **kein deutscher Fluss**. Sie fließt durch Polen. Die anderen Flüsse fließen durch Deutschland.

D 1	Lahn, Nahe, Neckar, Ruhr, Sieg
Außen-seiter	

D 2	Düsseldorf, Frankfurt, Hamburg, Kiel, München
Außen-seiter	

D 3	Kiel, Lübeck, Rostock, Wilhelmshaven, Wismar
Außen-seiter	

D 4	Borkum, Juist, Langeoog, Norderney, Sylt
Außen-seiter	

D 5	Ems, Mosel, Nahe, Neckar, Ruhr
Außen-seiter	

D 6	Harz, Odenwald, Schwarzwald, Thüringer Wald, Vogesen
Außen-seiter	

D 7	Iller, Isar, Lech, Regen, Riss
Außen-seiter	

D 8	Aschaffenburg, Darmstadt, Frankfurt, Offenbach, Würzburg
Außen-seiter	

D 9	Attersee, Chiemsee, Tegernsee, Starnberger See, Ammersee
Außen-seiter	

D 10	Bayern, Ostfriesland, Saarland, Sachsen, Thüringen
Außen-seiter	

D 11	Taunus, Schwarzwald, Hunsrück, Westerwald, Eifel
Außen-seiter	

1 aus 5

EUROPA

Suche jeweils den Begriff, der nicht passt! Begründe deine Auswahl!

Beispiel:	Athen, London, Prag, Stockholm, Zürich
Außenseiter	Zürich ist keine europäische Hauptstadt.

E 1	Belgien, Österreich, Schweiz, Tschechische Republik, Ungarn
Außenseiter	

E 2	Deutschland, Frankreich, Österreich, Italien, Spanien
Außenseiter	

E 3	Frankreich, Griechenland, Italien, Portugal, Spanien
Außenseiter	

E 4	Balearen, Korsika, Kreta, Malta, Zypern
Außenseiter	

E 5	Memel, Düna, Oder, Weichsel, Weser
Außenseiter	

E 6	Apenninen, Karpaten, Pyrenäen, Sudeten, Taurus
Außenseiter	

E 7	Ebro, Loire, Pindos, Tejo, Tiber
Außenseiter	

E 8	Belgien, Dänemark, Polen, Schweiz, Ungarn
Außenseiter	

E 9	England, Irland, Nordirland, Schottland, Wales
Außenseiter	

E 10	Bornholm, Färöer, Fehmarn, Gotland, Rügen
Außenseiter	

E 11	Kroatien, Albanien, Serbien, Bosnien-Herzegowina, Slowenien
Außenseiter	

1 aus 5

EUROPA

Suche jeweils den Begriff, der nicht passt! Begründe deine Auswahl!

E 12	Estland, Lettland, Ukraine, Rumänien, Litauen
Außen-seiter	
E 13	Deutschland, Österreich, Tschechische Republik, Ungarn, Rumänien
Außen-seiter	
E 14	Italien, Spanien, Schweden, Österreich, Norwegen
Außen-seiter	
E 15	Bukarest, Oslo, Zürich, Madrid, Athen
Außen-seiter	
E 16	Albanien, Liechtenstein, San Marino, Andorra, Monaco
Außen-seiter	
E 17	Schweden, Norwegen, Finnland, Polen, Deutschland
Außen-seiter	
E 18	Helgoland, Kreta, Sardinien, Sizilien, Korsika
Außen-seiter	
E 19	Mailand, Madrid, Athen, Oslo, Warschau
Außen-seiter	
E 20	Montblanc, Elbrus, Großglockner, Jungfrau, Piz Bernina
Außen-seiter	
E 21	Wolga, Ebro, Donau, Rhône, Tigris
Außen-seiter	

In Partner- oder Kleingruppenarbeit gelingt es euch
sicherlich, selbst weitere Beispiele zusammenzustellen,
die ihr dann euren Mitschülerinnen und Mitschülern
vorlegen könnt.

1 aus 5

AFRIKA

Suche jeweils den Begriff, der nicht passt! Begründe deine Auswahl!

Beispiel:	Angola, Kenia, Somalia, Kongo, Jemen
Außen-seiter	**Jemen** liegt **nicht in Afrika**. Es liegt in Asien (im Süden der Arabischen Halbinsel).

Af 1	Kongo, Mekong, Niger, Nil, Sambesi
Außen-seiter	
Af 2	Ägypten, Algerien, Libyen, Sudan, Tunesien
Außen-seiter	
Af 3	Appalachen, Atlas-Gebirge, Drakensberge, Kapgebirge, Tibesti
Außen-seiter	
Af 4	Äthiopien, Ghana, Liberia, Namibia, Senegal
Außen-seiter	
Af 5	Casablanca, Kairo, Algier, Tripolis, Tunis
Außen-seiter	
Af 6	Kenia, Mali, Zentralafrikanische Republik, Niger, Tschad
Außen-seiter	
Af 7	Malawisee, Großer Sklavensee, Tanasee, Tschad-See, Victoriasee
Außen-seiter	
Af 8	Atlantik, Indischer Ozean, Mittelmeer, Pazifik, Rotes Meer
Außen-seiter	
Af 9	Kap Blanco, Kap Trio, Kap Hoorn, Kap Lopez, Kap Verde
Außen-seiter	
Af 10	Meru, Kamerunberg, Aso, Kilimandscharo, Ngorongoro
Außen-seiter	
Af 11	Mauretanien, Mali, Niger, Angola, Tschad
Außen-seiter	

1 aus 5

AMERIKA

Suche jeweils den Begriff, der nicht passt! Begründe deine Auswahl!

Beispiel:	Erie-See, Genfer See, Huron-See, Michigan-See, Ontario-See
Außen-seiter	Der **Genfer See** liegt **nicht in Amerika**. Er ist ein europäischer See (Schweiz).

Am 1	Großer Bärensee, Großer Sklavensee, Tschad-See, Rentiersee, Winnipegsee
Außen-seiter	
Am 2	Anden, Appalachen, Hindukusch, Rocky Mountains, Sierra Nevada
Außen-seiter	
Am 3	Bogota, Caracas, Lima, Luanda, Santiago
Außen-seiter	
Am 4	Buenos Aires, Sucre, Montevideo, Quito, Rio de Janeiro
Außen-seiter	
Am 5	Amazonas, Oranje, Colorado, Paraná, Ohio
Außen-seiter	
Am 6	Ecuador, Guinea, Guyana, Paraguay, Venezuela
Außen-seiter	
Am 7	Costa Rica, Guatemala, Honduras, Panama, Uruguay
Außen-seiter	
Am 8	Arizona, Florida, Kalifornien, Kanada, Texas
Außen-seiter	
Am 9	Golf von Mexiko, Hudson-Bay, Karibisches Meer, Labrador-See, Rotes Meer
Außen-seiter	
Am 10	Amur, Arkansas, Missouri, Ohio, Snake
Außen-seiter	
Am 11	Cotopaxi, Parícutin, Merapi, Popocatépetl, Mount Saint Helens
Außen-seiter	

1 aus 5

ASIEN

Suche jeweils den Begriff, der nicht passt! Begründe deine Auswahl!

Beispiel:	Bangladesch, Nepal, Sambia, Syrien, Thailand
Außen-seiter	**Sambia** liegt **nicht in Asien**. Sambia liegt im Süden des afrikanischen Kontinents.

As 1	Hokkaido, Honschu, Mindanao, Shikoku, Kiuschu
Außen-seiter	

As 2	Altai, Gobi, Hindukusch, Karakorum, Taurus
Außen-seiter	

As 3	Euphrat, Indus, Lena, Mekong, Wolga
Außen-seiter	

As 4	Aralsee, Tschad-See, Baikalsee, See Tiberias, Totes Meer
Außen-seiter	

As 5	Indonesien, Japan, Pakistan, Philippinen, Taiwan
Außen-seiter	

As 6	Afghanistan, Iran, Laos, Mongolei, Nepal
Außen-seiter	

As 7	Georgien, Armenien, Kirgistan, Usbekistan, Afghanistan
Außen-seiter	

As 8	Bangkok, Kabul, Kalkutta, Teheran, Tokio
Außen-seiter	

As 9	Colombo, Neu-Delhi, Jakarta, Taipeh, Tokio
Außen-seiter	

As 10	Irtysch, Jangtsekiang, Jenissei, Lena, Ob
Außen-seiter	

As 11	Krakatau, Fudschijama (auch Fujisan), Cotopaxi, Ararat, Demawend
Außen-seiter	

D 1 Die **Nahe** ist ein **linksrheinischer** Nebenfluss. Die anderen Flüsse fließen rechtsrheinisch.

D 2 **Frankfurt** ist **keine Landeshauptstadt.**

D 3 **Wilhelmshaven** ist ein **Nordseehafen.** Die anderen Städte liegen an der Ostsee.

D 4 **Sylt** ist **keine Ostfriesische Insel.** Sie gehört zu den Nordfriesischen Inseln.

D 5 Die **Ems mündet nicht in den Rhein**, sondern in die Nordsee.

D 6 Die **Vogesen** liegen **nicht in Deutschland.** Sie sind ein linksrheinisches französisches Gebirge.

D 7 **Regen** fließt **nördlich der Donau**, die übrigen münden von Süden in die Donau.

D 8 **Darmstadt** liegt **nicht am Main.**

D 9 **Der Attersee** liegt **nicht in Deutschland** (Bayern), sondern in Österreich

D 10 **Ostfriesland** ist **kein Bundesland.** Es ist eine Landschaft in Niedersachsen.

D 11 Der **Schwarzwald** gehört **nicht zum Rheinischen Schiefergebirge.** Er liegt am Oberlauf des Rheins.

E 1 **Belgien** ist **kein Binnenstaat**. Es liegt an der Nordsee.

E 2 **Spanien** ist **kein Alpenland**.

E 3 **Portugal** liegt **nicht am Mittelmeer**, sondern am Atlantik.

E 4 Die **Balearen** sind eine **Inselgruppe**, keine einzelne Insel. Dazu gehören u. a. Menorca, Mallorca und Ibiza.

E 5 Die **Weser mündet** nicht in die Ostsee, sondern **in die Nordsee**.

E 6 Der **Taurus** liegt **nicht in Europa**. Er ist ein asiatisches Gebirge (im Süden der Türkei).

E 7 **Pindos** ist kein Fluss, sondern **ein Gebirge** in Griechenland.

E 8 **Ungarn grenzt nicht an Deutschland.**

E 9 **Irland** gehört **nicht zu Großbritannien**.

E 10 Die **Färöer** liegen **nicht in der Ostsee**, sondern nördlich von Großbritannien.

E 11 **Albanien** gehört **nicht zum ehemaligen Jugoslawien**.

E 12   **Rumänien** gehört **nicht zur ehemaligen UdSSR**
(Union der Sozialistischen Sowjetrepubliken).

E 13   Die **Tschechische Republik** wird **nicht von der Donau durchflossen.**

E 14   **Österreich** liegt **nicht am Meer.** Österreich ist ein Binnenstaat.

E 15   **Zürich** ist **keine** europäische **Landeshauptstadt.** Die Hauptstadt der Schweiz heißt Bern

E 16   **Albanien ist kein Zwergstaat.**

E 17   **Norwegen** grenzt **nicht an** die **Ostsee.**

E 18   **Helgoland** liegt **nicht im Mittelmeer.** Helgoland liegt in der Nordsee (in der Deutschen Bucht).

E 19   **Mailand** ist **keine** europäische **Landeshauptstadt.** Die Hauptstadt Italiens heißt Rom.

E 20   Der **Elbrus** ist kein Berg in den Alpen (**kein europäischer Berg**). Der Elbrus liegt im Kaukasus
(in Asien).

E 21   Der **Tigris** ist **kein europäischer Fluss.** Er entspringt in der Türkei und mündet in den
Persischen Golf (Asien).

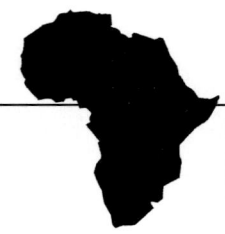

1 aus 5

AFRIKA
Lösungen

Af 1 Der **Mekong** ist **kein afrikanischer Fluss**. Er fließt in Asien. Er entspringt im Hochland von Tibet und mündet ins Südchinesische Meer.

Af 2 Der **Sudan** liegt **nicht am Mittelmeer**. Er grenzt im Süden an Ägypten.

Af 3 Die **Appalachen** sind **kein afrikanisches Gebirge**. Sie liegen im Osten der USA.

Af 4 **Äthiopien** liegt **nicht am Atlantik**. Es liegt an der Ostküste Afrikas (am Roten Meer).

Af 5 **Casablanca** ist **keine Landeshauptstadt**. Die Hauptstadt Marokkos heißt Rabat.

Af 6 **Kenia ist kein Binnenstaat**. Es liegt am Atlantischen Ozean (Ostküste Afrikas).

Af 7 Der **Große Sklavensee** liegt **nicht in Afrika**, sondern in Nordamerika (Kanada).

Af 8 **Afrika wird nicht vom Pazifik begrenzt.**

Af 9 Das **Kap Hoorn** liegt an der Südspitze Südamerikas, also **nicht in Afrika**.

Af 10 Der **Aso ist kein afrikanischer Vulkan**. Er liegt in Asien.

Af 11 **Angola** liegt **nicht in der Sahelzone**. Angola liegt in Südwestafrika (am Atlantischen Ozean).

AMERIKA
Lösungen

Am 1   Der **Tschad-See liegt nicht in Nordamerika**, sondern in Afrika.

Am 2   Der **Hindukusch** ist kein amerikanisches Gebirge. Der Hindukusch **liegt in Asien**.

Am 3   **Luanda** ist **keine südamerikanische Landeshauptstadt**. Luanda ist die Hauptstadt Angolas (Afrika).

Am 4   **Rio de Janeiro** ist **keine Landeshauptstadt**. Die Hauptstadt Brasiliens heißt Brasilia.

Am 5   Der **Oranje fließt** nicht in Amerika, sondern **in Südafrika**.

Am 6   **Guinea** liegt nicht in Südamerika, sondern **in Afrika**.

Am 7   **Uruguay** liegt **nicht in Mittelamerika**, sondern in Südamerika.

Am 8   **Kanada** ist **kein Bundesstaat** der USA. Kanada liegt im Norden der USA.

Am 9   **Amerika** wird **nicht durch das Rote Meer begrenzt**. Das Rote Meer liegt zwischen Asien und Afrika.

Am 10   Der **Amur fließt** nicht in Amerika, sondern **in Asien** (im Grenzbereich Russland-China).

Am 11   Der **Merapi** ist **kein amerikanischer Vulkan**. Er liegt in Asien (Indonesien).

As 1   **Mindanao** ist **keine japanische Insel**. Midanao gehört zu den Philippinen.

As 2   **Gobi** ist kein asiatisches Gebirge, sondern eine **Wüste**.

As 3   Die **Wolga** ist **kein asiatischer Fluss**. Die Wolga ist der längste Strom Europas.

As 4   Der **Tschad-See** liegt nicht in Asien, sondern **in Afrika**.

As 5   **Pakistan** ist **kein** asiatischer **Inselstaat**.

As 6   Der **Iran** ist **kein Binnenstaat**. Iran liegt am Persischen Golf und am Golf von Oman.

As 7   **Afghanistan** gehört **nicht zur ehemaligen UdSSR**
(Union der Sozialistischen Sowjetrepubliken).

As 8   **Kalkutta** ist **keine Landeshauptstadt**. Die Hauptstadt Indiens heißt (Neu-)Delhi.

As 9   **Delhi liegt nicht auf einer Insel**. Die übrigen Städte sind Landeshauptstädte asiatischer Inselstaaten.

As 10   Der **Jangtsekiang** ist kein sibirischer (russischer) Strom. Er **fließt in China**.

As 11   Der **Cotopaxi** ist **kein asiatischer Vulkan**. Er liegt in Ecuador (Südamerika).

1, 2 oder 3

Markiere die richtige Lösung!

DEUTSCHLAND

D 1 **Nebenfluss des Rheins ist**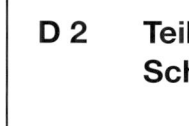

a Saar
b Ems
c Ahr

D 2 **Teil des Rheinischen Schiefergebirges ist**

a Eifel
b Rhön
c Schwarzwald

D 3 **Stuttgart liegt**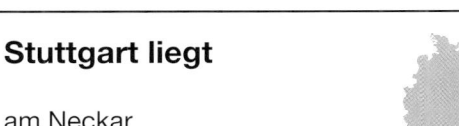

a am Neckar
b am Main
c an der Donau

D 4 **Deutsche Millionen-städte sind**

a München – Hamburg – Berlin
b Berlin – Hamburg – Frankfurt
c München – Stuttgart – Berlin

D 5 **Die Donau entspringt**

a im Schwarzwald
b in den Vogesen
c in den Alpen

D 6 **Landeshauptstadt von Thüringen ist**

a Dresden
b Erfurt
c Leipzig

D 7 **Düsseldorf ist die Landeshauptstadt von**

a Niedersachsen
b Hessen
c Nordrhein-Westfalen

D 8 **Die Mosel entspringt**

a in den Vogesen
b in der Eifel
c im Hunsrück

D 9 **Der Große Feldberg liegt**

a im Taunus
b im Schwarzwald
c im Bayerischen Wald

D 10 **Bei Bingen mündet in den Rhein**

a die Ahr
b die Nahe
c die Sieg

1, 2 oder 3

Markiere die richtige Lösung!

DEUTSCHLAND

**D 11 Die hessische Landes-
hauptstadt heißt**

a Frankfurt
b Darmstadt
c Wiesbaden

**D 12 Brandenburgs Landes-
hauptstadt heißt**

a Potsdam
b Wittenberg
c Frankfurt/Oder

**D 13 Eine Ostfriesische Insel
heißt**

a Föhr
b Rügen
c Norderney

D 14 Hamburg liegt

a an der Weser
b an der Elbe
c am Rhein

D 15 Helgoland liegt

a in der Kieler Bucht
b in der Deutschen Bucht
c in der Lübecker Bucht

D 16 Der Feldberg liegt im

a Bayerischen Wald
b Schwarzwald
c Odenwald

**D 17 Linksrheinischer Neben-
fluss ist**

a die Sieg
b die Ahr
c der Neckar

**D 18 Hannover ist die
Landeshauptstadt von**

a Hessen
b Nordrhein-Westfalen
c Niedersachsen

**D 19 Der Neckar mündet in
den Rhein bei**

a Heidelberg
b Stuttgart
c Ludwigshafen

**D 20 Zum Rhein. Schiefer-
gebirge gehört**

a der Hunsrück
b der Harz
c der Odenwald

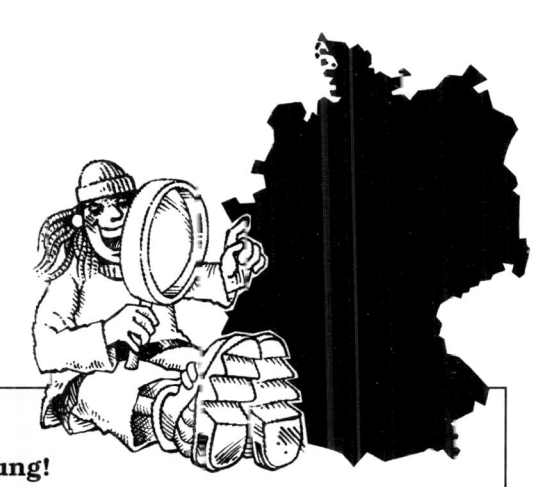

1, 2 oder 3

Markiere die richtige Lösung!

DEUTSCHLAND

D 21 **Fulda und Werra sind Quellflüsse der**  a Ems b Elbe c Weser	**D 22** **Der größte deutsche Binnenhafen heißt**   a Köln b Duisburg c Mannheim
D 23 **Die deutsche Ostgrenze bilden** a Oder und Neiße b Elbe und Havel c Weichsel und Spree	**D 24** **In den Rhein mündet** a die Ems b die Isar c der Neckar
D 25 **Auf dem 50. Breitengrad liegt** a Köln b München c Mainz	**D 26** **Die Landeshauptstadt Sachsens heißt**  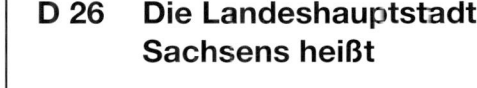 a Dresden b Zwickau c Halle
D 27 **Sylt und Föhr gehören zu den**  a Ostfriesischen Inseln b Nordfriesischen Inseln c Westfriesischen Inseln	**D 28** **Nordfriesland grenzt an**   a Belgien b Dänemark c die Niederlande
D 29 **Der Taunus wird begrenzt durch**  a Lahn und Sieg b Main und Nahe c Main und Lahn	**D 30** **In die Elbe mündet**  a die Saale b die Werra c die Aller

1, 2 oder 3

Markiere die richtige Lösung!

EUROPA

E 1   Die Hauptstadt Rumäniens heißt

a   Budapest
b   Bukarest
c   Sofia

E 2   Der längste Fluss Europas ist

a   die Donau
b   der Rhein
c   die Wolga

E 3   Ein eurasisches Grenzgebirge ist

a   das Uralgebirge
b   der Taurus
c   das Atlasgebirge

E 4   Paris liegt an der

a   Loire
b   Seine
c   Rhône

E 5   Der Rhein entspringt in

a   Österreich
b   der Schweiz
c   Liechtenstein

E 6   Der Vulkan auf Sizilien heißt

a   Vesuv
b   Stromboli
c   Ätna

E 7   Korsika gehört zu

a   Spanien
b   Italien
c   Frankreich

E 8   Warschau liegt an der

a   Weichsel
b   Wolga
c   Oder

E 9   Höchster Berg der Alpen ist

a   das Matterhorn
b   der Montblanc
c   der Großglockner

E 10   Zu Großbritannien gehören

a   England, Irland, Wales
b   Nordirland, Schottland, Wales
c   England, Irland, Schottland

1, 2 oder 3

Markiere die richtige Lösung!

EUROPA

E 11   Krim ist

a   ein Berg
b   eine Halbinsel
c   eine Wüste

E 12   Der Vulkan am Golf von Neapel heißt

a   Ätna
b   Stromboli
c   Vesuv

E 13   Im Mittelmeer liegt

a   Madagaskar
b   Helgoland
c   Malta

E 14   Kein deutscher Nachbar ist

a   Polen
b   Ungarn
c   die Tschechische Republik

E 15   Gibraltar gehört zu

a   Spanien
b   England
c   Portugal

E 16   Die Donau mündet ins

a   Schwarze Meer
b   Mittelmeer
c   Kaspische Meer

E 17   Das Taurusgebirge liegt

a   in der Türkei
b   in Spanien
c   in Griechenland

E 18   In den Pyrenäen liegt

a   Liechtenstein
b   Andorra
c   Monaco

E 19   Rom liegt am

a   Po
b   Tiber
c   Arno

E 20   Die Weichsel mündet in

a   die Nordsee
b   die Ostsee
c   den Atlantik

1, 2 oder 3

Markiere die richtige Lösung!

EUROPA

E 21 **Europäischer Binnen-staat ist** 	**E 22** **Die Hauptstadt der Schweiz heißt** 
a die Tschechische Republik b Polen c Belgien	a Luzern b Genf c Bern
E 23 **Tirana ist die Haupt-stadt von** 	**E 24** **Die Hauptstadt der Niederlande ist** 
a Kroatien b Slowenien c Albanien	a Rotterdam b Den Haag c Amsterdam
E 25 **Sardinien gehört zu** 	**E 26** **An der Donau liegt** 
a Italien b Frankreich c Spanien	a Budapest b Bukarest c Sofia
E 27 **Ibiza gehört zu den** 	**E 28** **Die Färöer Inseln gehören zu** 
a Kanarischen Inseln b Balearen c Kapverden	a Schottland b Norwegen c Dänemark
E 29 **Der Großglockner liegt in** 	**E 30** **Skagerrak und Katte-gat verbinden** 
a Österreich b der Schweiz c Deutschland	a Mittelmeer und Atlantik b Nordsee und Atlantik c Nordsee und Ostsee

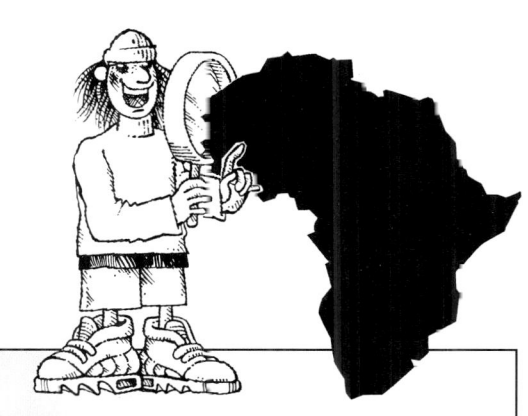

1, 2 oder 3

Markiere die richtige Lösung!

AFRIKA

Af 1   Das Atlasgebirge liegt in

a   Nordafrika
b   Südafrika
c   Zentralafrika

Af 2   Welches Land liegt nicht in Afrika?

a   Togo
b   Jemen
c   Angola

Af 3   Die größte Insel Afrikas heißt

a   Sansibar
b   Sri Lanka
c   Madagaskar

Af 4   Die Küstenwüste in SW-Afrika heißt

a   Kalahari
b   Große Sandwüste
c   Namib

Af 5   Zu den Atlasländern gehört

a   Libyen
b   Tunesien
c   Ägypten

Af 6   Der höchste Berg Afrikas ist der

a   Mt. Kenia
b   Kilimandscharo
c   Kamerunberg

Af 7   Der Äquator verläuft durch

a   Kongo (Zaire)
b   Zentralafrika(nische Republik)
c   Äquatorialguinea

Af 8   Südafrikas Haupt- stadt heißt

a   Johannesburg
b   Pretoria
c   Kapstadt

Af 9   Marokkos Hauptstadt heißt

a   Casablanca
b   Rabat
c   Marrakesch

Af 10   Am Victoriasee liegt

a   Kenia
b   Ruanda
c   Sambia

1, 2 oder 3

Markiere die richtige Lösung!

NORD-, MITTEL- UND SÜDAMERIKA

Am 1   An der Ostküste Südamerikas liegt

a   Peru
b   Brasilien
c   Chile

Am 2   Bogota ist die Hauptstadt von

a   Bolivien
b   Kolumbien
c   Ecuador

Am 3   In den Anden liegt die

a   Atacamawüste
b   Simpsonwüste
c   Wüste Gobi

Am 4   In Mittelamerika liegt der Vulkan

a   Paricutin
b   Pico de Teide
c   Meru

Am 5   Der Panamakanal verbindet

a   Atlantik und Pazifik
b   Atlantik und Indischen Ozean
c   Indischen Ozean und Pazifik

Am 6   Der höchste Berg Amerikas ist

a   der Cotopaxi
b   der Aconcagua
c   der Mt. McKinley

Am 7   Der Amazonas mündet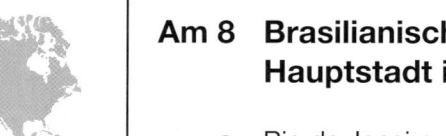

a   in den Pazifik
b   in die Karibik
c   in den Atlantik

Am 8   Brasilianische Hauptstadt ist

a   Rio de Janeiro
b   Sao Paulo
c   Brasilia

Am 9   Am Rio de la Plata liegen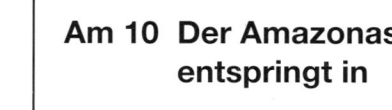

a   Buenos Aires und Montevideo
b   Sao Paulo und Rio de Janeiro
c   Porto Alegre und Cordoba

Am 10 Der Amazonas entspringt in

a   Kolumbien
b   Peru
c   Ecuador

1, 2 oder 3

Markiere die richtige Lösung!

ASIEN

**As 1 Teheran ist die Haupt-
stadt**

a des Irak
b des Iran
c von Pakistan

As 2 Nachbar Israels ist

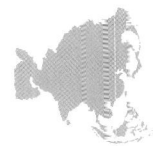

a der Libanon
b die Türkei
c der Irak

**As 3 Ein sibirischer Fluss
heißt**

a Indus
b Mekong
c Lena

As 4 Japan liegt im

a Atlantischen Ozean
b Pazifischen Ozean
c Indischen Ozean

**As 5 Euphrat und Tigris
münden**

a in den Persischen Golf
b ins Rote Meer
c in den Golf von Oman

As 6 Die Aleuten sind

a Wasserfälle
b eine Inselgruppe
c ein Gebirge

**As 7 Der Mekong fließt
durch**

a Indien
b Bangladesch
c Vietnam

As 8 Ein Inselstaat ist

a Sri Lanka
b Java
c Borneo

As 9 Der Ganges mündet

a ins Arabische Meer
b in den Golf von Bengalen
c in den Golf von Oman

As 10 Nepal liegt im

a Hindukusch
b Himalaja
c Karakorum

1, 2 oder 3

Lösungen

Deutschland:

D 1	c	Ahr	D 2	a	Eifel
D 3	a	Neckar	D 4	a	München – Hamburg – Berlin
D 5	a	Schwarzwald	D 6	b	Erfurt
D 7	c	Nordrhein-Westfalen	D 8	a	in den Vogesen
D 9	a	Taunus	D 10	b	die Nahe
D 11	c	Wiesbaden	D 12	a	Potsdam
D 13	c	Norderney	D 14	b	an der Elbe
D 15	b	in der Deutschen Bucht	D 16	b	Schwarzwald
D 17	b	die Ahr	D 18	c	Niedersachsen
D 19	c	Ludwigshafen	D 20	a	der Hunsrück
D 21	c	Weser	D 22	b	Duisburg
D 23	a	Oder und Neiße	D 24	c	der Neckar
D 25	c	Mainz	D 26	a	Dresden
D 27	b	Nordfriesische Inseln	D 28	b	Dänemark
D 29	c	Main und Lahn	D 30	a	die Saale

1, 2 oder 3
Lösungen

Europa:

E 1	b	Bukarest
E 3	a	das Uralgebirge
E 5	b	der Schweiz
E 7	c	Frankreich
E 9	b	der Montblanc
E 11	b	eine Halbinsel
E 13	c	Malta
E 15	b	England
E 17	a	in der Türkei
E 19	b	Tiber
E 21	a	Tschechische Republik
E 23	c	Albanien
E 25	a	Italien
E 27	b	Balearen
E 29	a	Österreich

E 2	c	die Wolga
E 4	b	Seine
E 6	c	Ätna
E 8	a	Weichsel
E 10	b	Nordirland, Schottland, Wales
E 12	c	Vesuv
E 14	b	Ungarn
E 16	a	Schwarze Meer
E 18	b	Andorra
E 20	b	die Ostsee
E 22	c	Bern
E 24	c	Amsterdam
E 26	a	Budapest
E 28	c	Dänemark
E 30	c	Nordsee und Ostsee

1, 2 oder 3
Lösungen

Afrika:

Af 1	a	Nordafrika		Af 2	b	Jemen
Af 3	c	Madagaskar		Af 4	c	Namib
Af 5	b	Tunesien		Af 6	b	Kilimandscharo
Af 7	a	Kongo (Zaire)		Af 8	b	Pretoria
Af 9	b	Rabat		Af 10	a	Kenia

Nord-, Mittel- und Südamerika:

Am 1	b	Brasilien		Am 2	b	Kolumbien
Am 3	a	Atacamawüste		Am 4	a	Paricutin
Am 5	a	Atlantik und Pazifik		Am 6	b	der Aconcagua
Am 7	c	in den Atlantik		Am 8	c	Brasilia
Am 9	a	Buenos Aires und Montevideo		Am 10	b	Peru

Asien:

As 1	b	des Iran		As 2	a	der Libanon
As 3	c	Lena		As 4	b	Pazifischen Ozean
As 5	a	in den Persischen Golf		As 6	b	eine Inselgruppe
As 7	c	Vietnam		As 8	a	Sri Lanka
As 9	b	in den Golf von Bengalen		As 10	b	Himalaja

Richtig oder falsch?

EUROPA

Kreuze an und verbessere die falschen Aussagen!

Beispiel:	**Rom ist die Hauptstadt von Italien.**
	⊗ Richtig ○ Falsch
Beispiel:	**Donau, Weser, Ems und Elbe münden in die Nordsee.**
	○ Richtig ⊗ Falsch, denn die Donau mündet in das Schwarze Meer.

E 1	**Die Karpaten liegen zwischen Schwarzem Meer und Kaspischem Meer.**
	○ Richtig ○ Falsch
E 2	**Die Hauptstadt von Malta heißt Valletta.**
	○ Richtig ○ Falsch
E 3	**Der Zwergstaat San Marino liegt in den Pyrenäen.**
	○ Richtig ○ Falsch
E 4	**Der Bottnische Meerbusen ist der lang gestreckte südliche Teil der Ostsee.**
	○ Richtig ○ Falsch
E 5	**Das Dinarische Gebirge grenzt ans Adriatische Meer.**
	○ Richtig ○ Falsch
E 6	**Ebro und Rhône münden ins Mittelmeer.**
	○ Richtig ○ Falsch
E 7	**Das Uralgebirge trennt Europa von Asien.**
	○ Richtig ○ Falsch
E 8	**Griechenland, Italien, Frankreich, Spanien und Portugal liegen am Mittelmeer.**
	○ Richtig ○ Falsch
E 9	**Die Halbinsel Krim liegt im Kaspischen Meer.**
	○ Richtig ○ Falsch
E 10	**Weser und Elbe münden in die Nordsee, Weichsel und Oder in die Ostsee.**
	○ Richtig ○ Falsch

Richtig oder falsch?

EUROPA

Kreuze an und verbessere die falschen Aussagen!

E 11	Die Donau fließt unter anderem durch Deutschland, Österreich, Ungarn und Rumänien und mündet ins Schwarze Meer.
	○ Richtig ○ Falsch
E 12	Die Mittelmeerinseln Korsika, Sardinien und Sizilien gehören zu Italien.
	○ Richtig ○ Falsch
E 13	Vesuv, Hekla, Santorin, Stromboli und Ätna sind europäische Vulkane.
	○ Richtig ○ Falsch
E 14	Bedeutende Rheinhäfen sind Duisburg, Amsterdam und Rotterdam.
	○ Richtig ○ Falsch
E 15	Die Hauptstadt von Kreta heißt Nikosia.
	○ Richtig ○ Falsch
E 16	Deutschland grenzt unter anderem an Polen, Österreich, Frankreich, Belgien, Italien und die Schweiz.
	○ Richtig ○ Falsch
E 17	Ungarn, die Slowakei, Weißrussland und Belgien sind Binnenstaaten.
	○ Richtig ○ Falsch
E 18	Deutschland, die Schweiz, Österreich, Italien und Frankreich sind Alpenländer.
	○ Richtig ○ Falsch
E 19	Der Vesuv liegt auf der Mittelmeerinsel Sizilien.
	○ Richtig ○ Falsch
E 20	Der Montblanc (4807 m) ist der höchste Berg Europas.
	○ Richtig ○ Falsch

Richtig oder falsch?

AFRIKA

Kreuze an und verbessere die falschen Aussagen!

Beispiel:	**Kairo, die Hauptstadt Ägyptens, liegt am Nil.**
	⊗ Richtig ○ Falsch
Beispiel:	**Die Hauptstadt der Republik Südafrika heißt Kapstadt.**
	○ Richtig ⊗ Falsch, denn die Hauptstadt heißt Pretoria. Kapstadt ist Parlamentssitz.

Af 1	**Die Quellflüsse des Nil heißen Blauer Nil und Gelber Nil.**
	○ Richtig ○ Falsch
Af 2	**Der Kilimandscharo (5895 m) ist der höchste Berg Afrikas.**
	○ Richtig ○ Falsch
Af 3	**Afrikanische Wüsten sind Atacama, Namib, Sahara und Kalahari.**
	○ Richtig ○ Falsch
Af 4	**In der Sahelzone liegen: Mauretanien, Tschad, Libyen und Niger.**
	○ Richtig ○ Falsch
Af 5	**Das Kap Hoorn bildet die Südspitze des afrikanischen Kontinents.**
	○ Richtig ○ Falsch
Af 6	**Zu den Atlasländern gehören Marokko, Algerien und Tunesien.**
	○ Richtig ○ Falsch
Af 7	**Bedeutende afrikanische Flüsse sind: Senegal, Niger, Nil, Kongo, Oranje und Limpopo.**
	○ Richtig ○ Falsch
Af 8	**Zu den afrikanischen Vulkanen gehören: Emi Kussi (auch Emi Koussi), Kilimandscharo, Meru und Kamerunberg.**
	○ Richtig ○ Falsch
Af 9	**Ahaggar, Tibesti, die Drakensberge, Atlasgebirge und Taurus sind afrikanische Gebirge.**
	○ Richtig ○ Falsch

Richtig oder falsch?

NORD- und MITTELAMERIKA
Kreuze an und verbessere die falschen Aussagen!

Beispiel:	**Die Vereinigten Staaten von Amerika (USA) werden im Norden von Kanada und im Süden von Mexiko begrenzt.**
	⊗ Richtig ◯ Falsch
Beispiel:	**Der amerikanische Bundesstaat Florida liegt an der Hudson Bay.**
	◯ Richtig ⊗ Falsch, denn er liegt am Golf von Mexiko.

Am 1	**Der Panamakanal verbindet den Atlantischen Ozean mit dem Indischen Ozean.**
	◯ Richtig ◯ Falsch
Am 2	**Alaska und Hawaii sind amerikanische Bundesstaaten.**
	◯ Richtig ◯ Falsch
Am 3	**Zu den Großen Seen gehören: Oberer See, Michigan-See, Huron-See, Ontario-See und Erie-See.**
	◯ Richtig ◯ Falsch
Am 4	**Der Mississippi mündet in den Golf von Mexiko.**
	◯ Richtig ◯ Falsch
Am 5	**Die Nord-Süd-Ausrichtung der nordamerikanischen Gebirge begünstigt die Entstehung von Blizzards und Tornados.**
	◯ Richtig ◯ Falsch
Am 6	**Die amerikanische Ostküste ist im Bereich von Los Angeles und San Francisco besonders erdbebengefährdet.**
	◯ Richtig ◯ Falsch
Am 7	**Die Hauptstadt der Vereinigten Staaten heißt New York, die kanadische Hauptstadt heißt Montreal.**
	◯ Richtig ◯ Falsch
Am 8	**Im Karibischen Meer liegen die Inselstaaten Kuba, Jamaika, Haiti und die Dominikanische Republik.**
	◯ Richtig ◯ Falsch

Richtig oder falsch?

MITTEL- und SÜDAMERIKA

Kreuze an und verbessere die falschen Aussagen!

Beispiel:	Die Hauptstadt Uruguays (Montevideo) und die Argentiniens (Buenos Aires) liegen im Amazonasdelta.
	○ Richtig ⊗ Falsch, beide Hauptstädte liegen am Rio de la Plata.

Am 9	Das Küstengebirge im Westen Südamerikas heißt Anden.
	○ Richtig ○ Falsch

Am 10	Südamerika wird im Westen vom Atlantischen, im Osten vom Pazifischen Ozean begrenzt.
	○ Richtig ○ Falsch

Am 11	Brasilien grenzt an alle anderen südamerikanischen Staaten.
	○ Richtig ○ Falsch

Am 12	Der Aconcagua (6958 m) ist der höchste Berg Südamerikas. Er liegt in den peruanischen Anden.
	○ Richtig ○ Falsch

Am 13	Der Äquator verläuft durch Ecuador, Kolumbien, Französisch Guyana, Venezuela und Brasilien.
	○ Richtig ○ Falsch

Am 14	In Südamerika findet man folgende Vulkane: Cotopaxi, Chimborasso (auch Chimborazo), Sajama und Pico de Teide.
	○ Richtig ○ Falsch

Am 15	Die Hauptstadt von Brasilien heißt Rio de Janeiro, die Hauptstadt von Venezuela heißt Caracas.
	○ Richtig ○ Falsch

Am 16	Große südamerikanische Flüsse sind: Amazonas, Sao Francisco, Rio Grande, Paraguay, Paraná und Uruguay.
	○ Richtig ○ Falsch

Vielleicht macht es euch Spaß, in Partner- oder Kleingruppenarbeit weitere Beispiele zusammenzustellen, die ihr dann euren Mitschülerinnen und Mitschülern vorlegen könnt.

Richtig oder falsch?

ASIEN

Kreuze an und verbessere die falschen Aussagen!

Beispiel:	**Russland ist das flächengrößte Land der Erde.**
	⊗ Richtig ◯ Falsch

Beispiel:	**Der Aralsee ist der größte Binnensee der Erde.**
	◯ Richtig ⊗ Falsch, denn das Kaspische Meer ist der größte Binnensee der Erde.

As 1	**Einige Regionen Russlands gehören zu Europa, andere zu Asien.**
	◯ Richtig ◯ Falsch

As 2	**Asiatische Gebirge sind Kaukasus, Pamir, Karakorum und Taurus.**
	◯ Richtig ◯ Falsch

As 3	**Euphrat und Tigris entspringen in der Türkei und münden ins Rote Meer.**
	◯ Richtig ◯ Falsch

As 4	**Israel, der Libanon und Syrien liegen am Mittelmeer.**
	◯ Richtig ◯ Falsch

As 5	**Asiatische Binnenstaaten sind Afghanistan, Laos und die Mongolei.**
	◯ Richtig ◯ Falsch

As 6	**Die Hauptstadt Indiens heißt Kalkutta.**
	◯ Richtig ◯ Falsch

As 7	**Das Tote Meer trennt Asien von Afrika.**
	◯ Richtig ◯ Falsch

As 8	**Der Indus mündet ins Arabische Meer, der Ganges in den Golf von Bengalen.**
	◯ Richtig ◯ Falsch

As 9	**Taiwan, Madagaskar und Sri Lanka sind asiatische Inselstaaten.**
	◯ Richtig ◯ Falsch

Richtig oder falsch?

ASIEN

Kreuze an und verbessere die falschen Aussagen!

As 10	Bekannte asiatische Vulkane sind: Krakatau, Merapi, Ararat und Fujisan (Fujiyama).
	○ Richtig ○ Falsch
As 11	Im Himalaja-Gebirge liegt der höchste Berg der Erde, der Mount Everest (8872 m).
	○ Richtig ○ Falsch
As 12	Lena, Ob, Jenissei (auch Jenissej) und Angara fließen durch Sibirien.
	○ Richtig ○ Falsch
As 13	Die Gobi ist eine Wüsten- und Steppenlandschaft Innerasiens.
	○ Richtig ○ Falsch
As 14	Im Marianengraben (Pazifischer Ozean) findet man die tiefsten Meeresstellen (Witjastiefe: 11 022 m).
	○ Richtig ○ Falsch
As 15	Java, Bali und Mindanao sind indonesische Inseln.
	○ Richtig ○ Falsch
As 16	Der russisch-chinesische Grenzfluss Amur mündet ins Ochotskische Meer.
	○ Richtig ○ Falsch
As 17	Die Straße von Hormus verbindet den Persischen Golf mit dem Golf von Oman.
	○ Richtig ○ Falsch
As 18	In Asien findet man unter anderem folgende Wüsten: Negev, Wüste Lut, Wüste Nefud und die Takla-Makan.
	○ Richtig ○ Falsch
As 19	Japan, die Philippinen, Taiwan und Sri Lanka sind ostasiatische Inselstaaten.
	○ Richtig ○ Falsch

Richtig oder falsch?

AUSTRALIEN und OZEANIEN

Kreuze an und verbessere die falschen Aussagen!

Beispiel:	**Die australischen Ureinwohner heißen Aborigines.**
	⊗ Richtig ○ Falsch

Beispiel:	**Die Hauptstadt Australiens heißt Melbourne.**
	○ Richtig ⊗ Falsch, die Hauptstadt Australiens heißt Canberra.

Aus 1	**Sydney ist die größte Stadt Australiens.**
	○ Richtig ○ Falsch

Aus 2	**Wichtige Exportgüter Australiens sind Kohle, Gold und Wolle.**
	○ Richtig ○ Falsch

Aus 3	**Im trockenen Südosten des Kontinents findet man die Gibsonwüste, die Große Sandwüste, die Simpsonwüste und die Große Victoriawüste.**
	○ Richtig ○ Falsch

Aus 4	**Die Hauptstadt des Inselstaates Neuseeland heißt Auckland.**
	○ Richtig ○ Falsch

Aus 5	**Australien liegt auf der südlichen Halbkugel. Durch den Kontinent verläuft der südliche Wendekreis.**
	○ Richtig ○ Falsch

Aus 6	**Der bedeutendste Fluss Australiens ist der Murray.**
	○ Richtig ○ Falsch

Aus 7	**Australien wird durch den Indischen, den Atlantischen und den Pazifischen Ozean begrenzt.**
	○ Richtig ○ Falsch

Aus 8	**Zwischen Australien und der Antarktis liegt der Inselstaat Papua-Neuguinea (Ostteil der Insel Neuguinea).**
	○ Richtig ○ Falsch

Aus 9	**Australien hat tropisches bzw. subtropisches Klima.**
	○ Richtig ○ Falsch

E 1	**falsch**	Die Karpaten liegen westlich vom Schwarzen Meer. Zwischen Schwarzem Meer und Kaspischem Meer liegt der Kaukasus.
E 2	**richtig**	
E 3	**falsch**	San Marino liegt in Italien. In den Pyrenäen liegt der Zwergstaat Andorra.
E 4	**falsch**	Den lang gestreckten nördlichen Teil der Ostsee bezeichnet man als Bottnischen Meerbusen.
E 5	**richtig**	
E 6	**richtig**	
E 7	**richtig**	
E 8	**falsch**	Portugal grenzt nicht ans Mittelmeer. Portugal liegt am Atlantik.
E 9	**falsch**	Die Halbinsel Krim liegt im Schwarzen Meer.
E 10	**richtig**	
E 11	**richtig**	
E 12	**falsch**	Korsika gehört zu Frankreich.
E 13	**richtig**	
E 14	**falsch**	Amsterdam liegt nicht am Rhein.
E 15	**falsch**	Nikosia ist die Hauptstadt von Zypern. Kreta ist kein selbstständiger Inselstaat. Es gehört zu Griechenland.
E 16	**falsch**	Deutschland hat keine gemeinsame Grenze mit Italien.
E 17	**falsch**	Belgien ist kein Binnenstaat. Es liegt an der Nordsee.
E 18	**richtig**	
E 19	**falsch**	Der Ätna liegt auf der Insel Sizilien. Der Vesuv liegt in Italien (in der Nähe von Neapel).
E 20	**richtig**	

Richtig oder falsch?

AFRIKA
Lösungen

Af 1	**falsch**	Die Quellflüsse heißen Blauer Nil und Weißer Nil.
Af 2	**richtig**	
Af 3	**falsch**	Die Atacama ist keine afrikanische Wüste. Sie liegt in den Anden (in Südamerika).
Af 4	**falsch**	Libyen liegt nicht in der Sahelzone. Libyen liegt am Mittelmeer.
Af 5	**falsch**	Das Kap Hoorn befindet sich an der Südspitze Südamerikas. An der Südspitze Afrikas findet man das Kap der Guten Hoffnung und das Kap Agulhas (Nadelkap).
Af 6	**richtig**	
Af 7	**richtig**	
Af 8	**richtig**	
Af 9	**falsch**	Taurus ist kein afrikanisches Gebirge. Es liegt in Asien (im Süden der Türkei).

Richtig oder falsch?
NORD- und MITTELAMERIKA
Lösungen

Am 1	**falsch**	Der Panamakanal verbindet den Atlantischen Ozean mit dem Pazifischen Ozean.
Am 2	**richtig**	
Am 3	**richtig**	
Am 4	**richtig**	
Am 5	**richtig**	
Am 6	**falsch**	Los Angeles und San Francisco liegen an der Pazifikküste (Westküste). Diese Region ist erdbebengefährdet.
Am 7	**falsch**	Die Hauptstadt der Vereinigten Staaten heißt Washington, die Hauptstadt von Kanada heißt Ottawa.
Am 8	**richtig**	

Richtig oder falsch?
MITTEL- und SÜDAMERIKA
Lösungen

Am 9	**richtig**	
Am 10	**falsch**	Südamerika wird im Westen vom Pazifischen und im Osten vom Atlantischen Ozean begrenzt.
Am 11	**falsch**	Brasilien grenzt nicht an Ecuador und Chile.
Am 12	**falsch**	Der Aconcagua liegt in den argentinischen Anden.
Am 13	**falsch**	Der Äquator verläuft weder durch Französisch Guyana noch durch Venezuela.
Am 14	**falsch**	Der Pico de Teide liegt auf Gran Canaria, eine der Kanarischen Inseln vor der Westküste Afrikas.
Am 15	**falsch**	Die Hauptstadt von Brasilien heißt Brasilia.
Am 16	**richtig**	

Richtig oder falsch?

ASIEN
Lösungen

As 1	**richtig**	
As 2	**richtig**	
As 3	**falsch**	Euphrat und Tigris münden in den Persischen Golf.
As 4	**richtig**	
As 5	**richtig**	
As 6	**falsch**	Die Hauptstadt Indiens heißt Neu-Delhi.
As 7	**falsch**	Das Rote Meer trennt Asien von Afrika. Das Tote Meer liegt im Grenzbereich von Israel und Jordanien.
As 8	**richtig**	
As 9	**falsch**	Madagaskar ist ein afrikanischer Inselstaat.
As 10	**richtig**	
As 11	**richtig**	
As 12	**richtig**	
As 13	**richtig**	
As 14	**richtig**	
As 15	**falsch**	Mindanao gehört zu den Philippinen.
As 16	**richtig**	
As 17	**richtig**	
As 18	**richtig**	
As 19	**falsch**	Sri Lanka ist kein ostasiatischer Inselstaat. Sri Lanka liegt in Südasien, südöstlich von Indien.

Aus 1   **richtig**

Aus 2   **richtig**

Aus 3   **falsch**   Der Südosten Australiens ist relativ feucht. Die Wüsten findet man im trockenen Westen und im Innern des Kontinents.

Aus 4   **falsch**   Die Hauptstadt Neuseelands heißt Wellington.

Aus 5   **richtig**

Aus 6   **falsch**   Der größte Fluss Australiens ist der Darling. Der Murray ist aber der einzige große Fluss des Kontinentes, der dauernd Wasser führt.

Aus 7   **falsch**   Australien wird durch den Indischen und den Pazifischen Ozean begrenzt.

Aus 8   **falsch**   Der Inselstaat Papua-Neuguinea liegt nordöstlich von Australien.

Aus 9   **richtig**

Deutschlandrallye

Hinweise – Spielanleitung

Vorbereitung des Spiels:

- Bundesländer mit verschiedenen Farben ausmalen;
- Vorlage auf Karton aufkleben und folieren; Alternative: ausgemalte Vorlage laminieren;
- jeweils eine Seite mit Aufgabenkarten auf Karton aufkleben und die passende Seite mit Antworten auf die Rückseite des Kartons kleben; (Die Aufgaben- bzw. Kontrollkarten sind so zusammengestellt, dass sie beim Aufkleben auf Vorder- und Rückseite eines Kartons zueinander passen.)
- Vorder- und Rückseite folieren; Alternative: laminieren;
- Karten ausschneiden.

Zum Spielen braucht man:

Spielvorlage, Aufgabenkarten (F1 bis F20) mit Lösungen (L1 bis L20), Ereigniskarten (E1 bis E8), Spielfiguren (z. B. vom Mensch-ärgere-dich-nicht-Spiel), Spielanleitung, Würfel.

Hinweis:

Das Spiel ist in der Regel für Schülerinnen und Schüler ab Klassenstufe 7/8 aller Schularten geeignet. In einigen Bundesländern und an Gymnasien ist ein Einsatz ab Klassenstufe 5/6 möglich.

Interessierte Kleingruppen können

- zusätzliche Ereigniskarten schreiben,
- vorliegende Fragekarten durch selbst erstellte ersetzen oder
- ganz neue Sätze von Aufgabenkarten zusammenstellen. Wenn diese wieder mit F1 bis F20 gekennzeichnet werden, kann man die gleiche Spielvorlage immer wieder nutzen. Um eine Verwechslung von Fragekarten unterschiedlichen Anspruchsniveaus auszuschließen, sollte man jeden Satz Aufgabenkarten vor dem Folieren auf verschiedenfarbigen Karton aufkleben.

Spielanleitung

DEUTSCHLANDRALLYE ist ein Spiel für 2 bis 4 Schüler sowie einen Spielleiter, der Frage- und Ereigniskarten verwaltet und die Antworten der Mitspieler kontrolliert.

Jeder Spieler würfelt einmal. Wer die höchste Zahl gewürfelt hat, beginnt. Wer nach dem Würfeln auf ein nummeriertes Feld trifft, darf erst vorrücken, wenn die vom Spielleiter gestellte zugehörige Frage richtig beantwortet ist. Kann die Frage nicht beantwortet werden, nennt der Spielleiter die Lösung. Gleiches gilt bei falschen Antworten. Denjenigen Mitspielern, die richtig antworten, liest der Spielleiter die Bonusfrage vor. Bei richtiger Lösung darf man weitere zwei Felder vorrücken.

Die anderen markierten Felder haben folgende Bedeutung:

⁙ Du darfst noch einmal würfeln.   ● Einmal aussetzen.

Ⓔ1 Lass dir die entsprechend nummerierte Ereigniskarte vom Spielleiter vorlesen.

Den Zielort kann man nur mit der passenden Augenzahl erreichen.

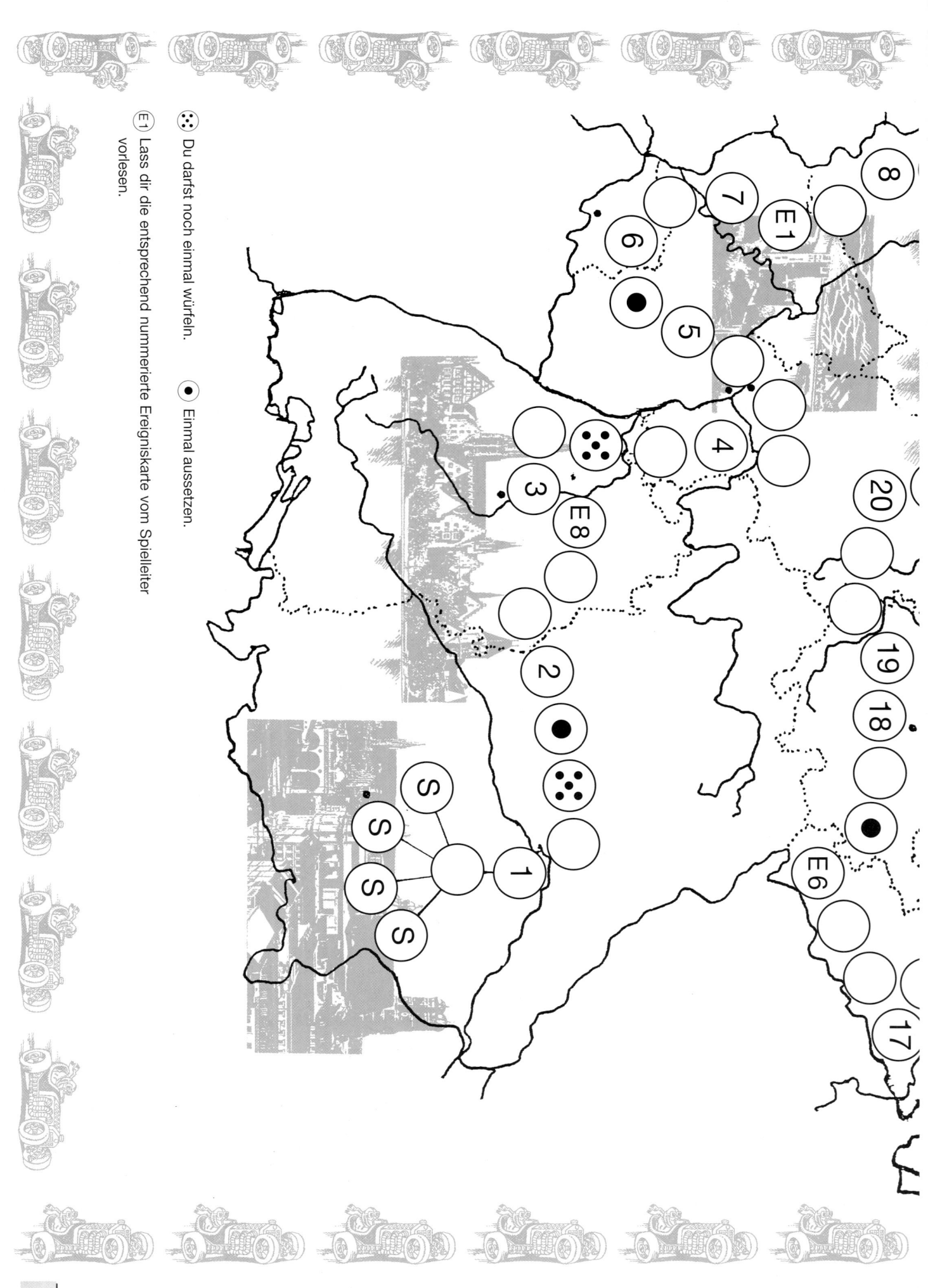

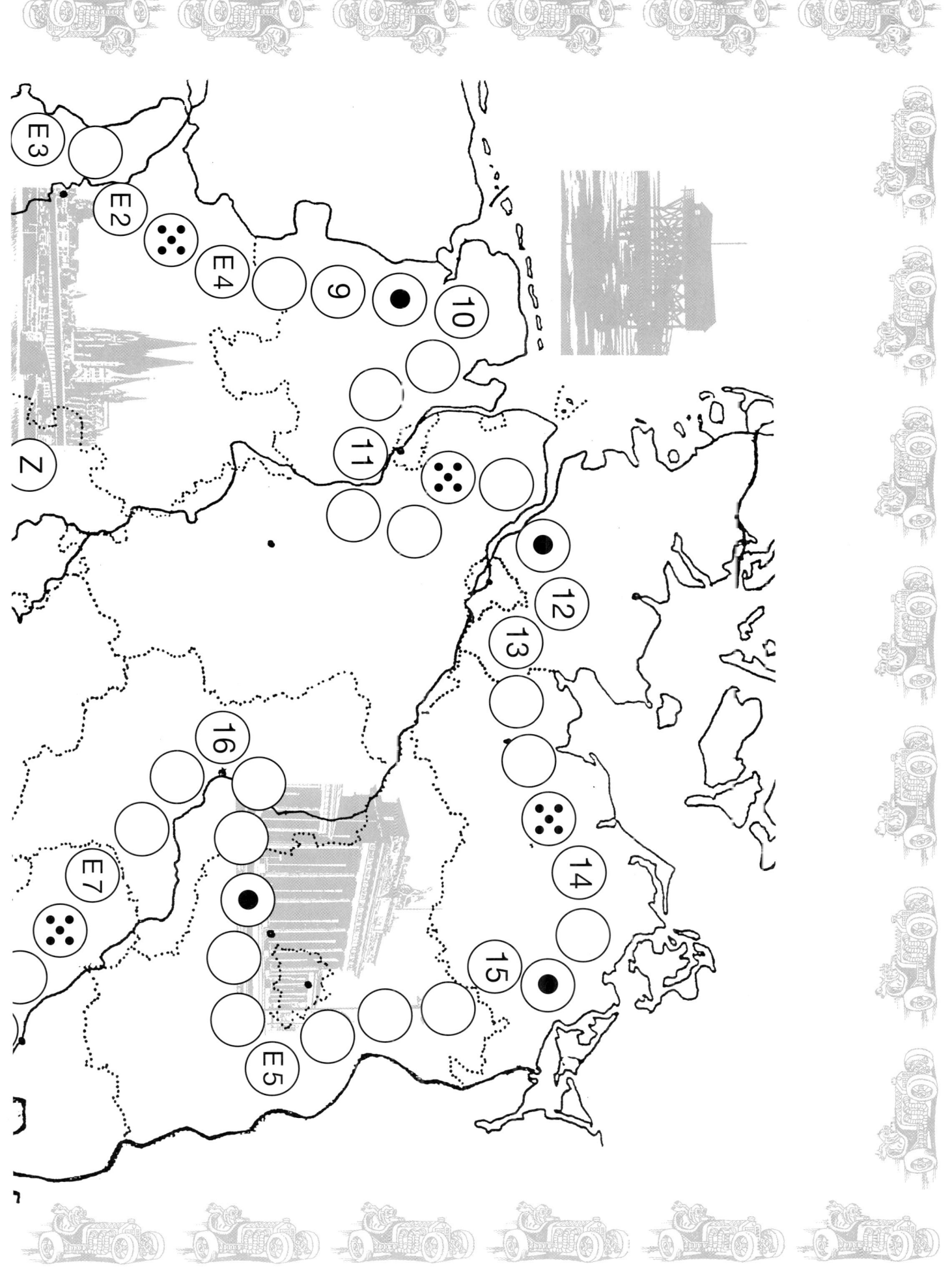

Deutschlandrallye
Mit Glück und Wissen durch alle Bundesländer
Fragekarten

F 1 Deutschlandrallye  Beim Vorrücken überquerst du einen Fluss. Wie heißt er? ***Bonus:*** In welches Meer mündet er?	**F 2** Deutschlandrallye  Kennst du eigentlich den Namen des Bundeslandes, in dem du gestartet bist? ***Bonus:*** Wie heißt hier die Landeshauptstadt?
F 3 Deutschlandrallye  Welchen Fluss hast du gerade überquert? ***Bonus:*** Bei welcher Stadt mündet dieser Fluss in den Rhein?	**F 4** Deutschlandrallye  Wieder stehst du vor einem Fluss, den du mit einem Ruderboot überqueren musst. Wie heißt er? ***Bonus:*** Der Weiße Main ist einer seiner Quellflüsse. Weißt du, wo er entspringt?
F 5 Deutschlandrallye  In welchem Bundesland bist du zur Zeit unterwegs? ***Bonus:*** Wie heißt seine Landeshauptstadt?	**F 6** Deutschlandrallye  Ein kurzer Abstecher führt dich in den Südwesten Deutschlands. In welchem Bundesland befindest du dich? ***Bonus:*** Wie heißt die Landeshauptstadt an der Saar?
F 7 Deutschlandrallye  Dieser Fluss ist auch bekannt für den Wein, der hier wächst. Wie heißt der Fluss? ***Bonus:*** Kennst du das Gebirge, in dem er entspringt?	**F 8** Deutschlandrallye  Du hältst dich hier im bevölkerungsreichsten Bundesland Deutschlands auf. Wie heißt es? ***Bonus:*** Die Landeshauptstadt heißt?
F 9 Deutschlandrallye  Etwas erschöpft kommst du in das nächste Bundesland. Du bist in …? ***Bonus:*** Die Landeshauptstadt liegt an der Leine und heißt?	**F 10** Deutschlandrallye  Jetzt ein erfrischendes Bad im Meer! Vorher aber noch die Fragen: Welcher Fluss mündet bei Emden? ***Bonus:*** Wie heißt der Meeresboden, der bei Ebbe trockenfällt und bei Flut überspült wird?

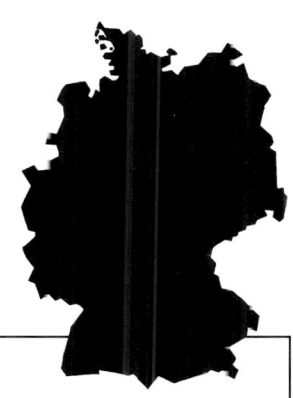

Deutschlandrallye

Mit Glück und Wissen durch alle Bundesländer
Lösungen

L 2　　Deutschlandrallye Das Bundesland heißt Bayern. ***Bonus:*** Die Landeshauptstadt heißt München.	**L 1**　　Deutschlandrallye Du überquerst die Donau. ***Bonus:*** Sie mündet ins Schwarze Meer.
L 4　　Deutschlandrallye Du überquerst den Main. ***Bonus:*** Der Weiße Main entspringt im Fichtel- gebirge.	**L 3**　　Deutschlandrallye Der Neckar wurde überquert. ***Bonus:*** Er mündet bei Mannheim in den Rhein.
L 6　　Deutschlandrallye Du befindest dich im Saarland. ***Bonus:*** Die Landeshauptstadt heißt Saarbrücken.	**L 5**　　Deutschlandrallye Du bist in Rheinland-Pfalz unterwegs. ***Bonus:*** Die Landeshauptstadt heißt Mainz.
L 8　　Deutschlandrallye Das bevölkerungsreichste Bundesland heißt Nordrhein-Westfalen. ***Bonus:*** Die Landeshauptstadt heißt Düsseldorf.	**L 7**　　Deutschlandrallye Es ist die Mosel. ***Bonus:*** Sie entspringt in den Vogesen.
L 10　　Deutschlandrallye Die Ems mündet bei Emden. ***Bonus:*** Dieser Meeresbereich heißt Watt.	**L 9**　　Deutschlandrallye Du bist in Niedersachsen. ***Bonus:*** Die Landeshauptstadt heißt Hannover.

Deutschlandrallye
Mit Glück und Wissen durch alle Bundesländer
Fragekarten

F 11   Deutschlandrallye

Du stehst vor einem Stadtstaat.
Weißt du, wie er heißt?

Bonus: Weiter im Norden gibt es eine Stadt, die ebenfalls zu diesem Stadtstaat gehört. Wie heißt sie?

F 12   Deutschlandrallye

Nenne den Namen des nördlichsten Bundeslandes!

Bonus: Verrate auch noch den Namen der Landeshauptstadt!

F 13   Deutschlandrallye

Auch bei diesem Stadtstaat lohnt sich ein kurzer Abstecher. Aber wie heißt er?

Bonus: Welches europäische Land grenzt im Norden an Schleswig-Holstein?

F 14   Deutschlandrallye

In diesem Bundesland hat die Eiszeit ihre Spuren hinterlassen. Wie heißt das Land mit den vielen Seen?

Bonus: Den Bonus gibt es für den Namen der Landeshauptstadt!

F 15   Deutschlandrallye

Wieder einmal hast du eine Landesgrenze erreicht. Welches Bundesland wirst du gleich betreten?

Bonus: Inmitten dieses Landes liegt die deutsche Hauptstadt. Sie heißt?

F 16   Deutschlandrallye

An der Elbe verschnaufst du ein wenig.
In welchem Bundesland befindest du dich hier?

Bonus: Du genießt den schönen Blick auf die Landeshauptstadt. Aber fällt dir auch ihr Name ein?

F 17   Deutschlandrallye

Wie heißt das vierte neue Bundesland, das du erreicht hast?

Bonus: In der Landeshauptstadt siehst du dir den Zwinger an. Wie heißt die Stadt?

F 18   Deutschlandrallye

Die Reise geht langsam zu Ende,
deine Vorräte auch. Aber hier gibt es leckere Würste. In welchem Land bist du?

Bonus: Bestimmt kennst du den Namen der Landeshauptstadt!

F 19   Deutschlandrallye

Auf dem Weg ins Ziel musst du noch die Quellflüsse der Weser überqueren. Wie heißen sie?

Bonus: Bei welcher Stadt fließen die beiden Quellflüsse zusammen?

F 20   Deutschlandrallye

Kurz vor dem Ziel überlegst du
noch einmal, wie dieses Bundesland wohl heißt. Seine Landeshauptstadt solltest du auch kennen!

Wenn *beide* Antworten richtig sind, darfst du ins Ziel vorrücken!

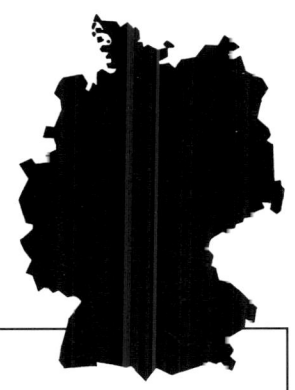

Deutschlandrallye
Mit Glück und Wissen durch alle Bundesländer
Lösungen

L 12   Deutschlandrallye

Das nördlichste Bundesland heißt
Schleswig-Holstein.

Bonus: Die Landeshauptstadt heißt Kiel.

L 11   Deutschlandrallye

Der Stadtstaat an der Weser heißt
Bremen.

Bonus: Bremerhaven gehört zum Stadtstaat dazu.

L 14   Deutschlandrallye

In Mecklenburg-Vorpommern hat die
Eiszeit Spuren hinterlassen.

Bonus: Der Name der Landeshauptstadt ist
Schwerin.

L 13   Deutschlandrallye

Der Stadtstaat an der Elbe heißt Hamburg.

Bonus: Dänemark grenzt an Schleswig-Holstein.

L 16   Deutschlandrallye

Du befindest dich in Sachsen-Anhalt.

Bonus: Der Name der Landeshauptstadt ist
Magdeburg.

L 5   Deutschlandrallye

Brandenburg ist erreicht.

Bonus: Die deutsche Hauptstadt heißt Berlin.

L 18   Deutschlandrallye

Du bist in Thüringen angekommen.

Bonus: Die Landeshauptstadt Thüringens heißt
Erfurt.

L 17   Deutschlandrallye

Das Bundesland heißt Sachsen.

Bonus: Der Zwinger steht in Dresden.

L 20   Deutschlandrallye

Das letzte Bundesland heißt Hessen und
Wiesbaden ist seine Landeshauptstadt.

L 19   Deutschlandrallye

Die Quellflüsse der Weser heißen Fulda
und Werra.

Bonus: Sie fließen bei Münden zusammen.

Deutschlandrallye
Mit Glück und Wissen durch alle Bundesländer
Ereigniskarten

E 1 Deutschlandrallye

Du hast im Lotto gewonnen. Hole den Gewinn in der Landeszentrale in Düsseldorf ab. Rücke bis dorthin vor.

E 2 Deutschlandrallye

Beim Rudern hast du deinen Personalausweis und deine Geldbörse verloren. Die Suche hält dich auf. Einmal aussetzen.

E 3 Deutschlandrallye

Deine Tante ist schwer erkrankt. Besuche sie im Krankenhaus in Saarbrücken. Rücke auf Feld 6 zurück.

E 4 Deutschlandrallye

30° im Schatten. Jetzt eine Abkühlung. Wenn du eine ostfriesische Insel nennen kannst, darfst du bis zur Küste (Feld 10) vorrücken.

Lsg.: Borkum, Juist, Norderney, Baltrum, Langeoog, Spiekeroog, Wangerooge

E 5 Deutschlandrallye

Wie heißen die beiden östlichen deutschen Nachbarn?

Bei richtiger Lösung darfst du zwei Felder vorrücken.

Lsg.: Tschechische Republik und Polen

E 6 Deutschlandrallye

Glückspilz!!

Du darfst noch einmal würfeln!

E 7 Deutschlandrallye

Du hast dir beim Laufen eine schmerzhafte Knöchelverletzung zugezogen. Einmal aussetzen.

E 8 Deutschlandrallye

Du bist heute topfit.
Zwei Felder vorrücken!

Weltreise

Hinweise – Spielanleitung

Vorbereitung des Spiels:

- Kontinente mit verschiedenen Farben ausmalen;
- Vorlage auf Karton aufkleben;
- jeweils eine Seite mit Aufgabenkarten auf Karton kleben und die passende Seite mit Antworten auf die Rückseite des Kartons kleben; (Die Aufgaben- bzw. Kontrollkarten sind so zusammengestellt, dass sie beim Aufkleben auf Vorder- und Rückseite eines Kartons zueinander passen.)
- Vorder- und Rückseite folieren; Alternative: laminieren;
- Karten ausschneiden.

Zum Spielen braucht man:

Spielvorlage, Aufgabenkarten mit Lösungen, Spielfiguren (z. B. vom Mensch-ärgere-dich-nicht-Spiel), Spielanleitung, Würfel

Hinweis:

Das Spiel ist geeignet für Schülerinnen und Schüler der Klassenstufe 5/6 aller Schularten.

Spielanleitung

WELTREISE ist ein Spiel für 2 bis 4 Spieler sowie einem Spielleiter, der die Fragekarten verwaltet und die Antworten der Mitspieler kontrolliert.

Jeder Spieler würfelt einmal. Wer die höchste Zahl gewürfelt hat, beginnt. Wer nach dem Würfeln auf ein nummeriertes Feld trifft, darf erst vorrücken, wenn die vom Spielleiter gestellte zugehörige Frage richtig beantwortet ist. Kann die Frage nicht beantwortet werden, nennt der Spielleiter die Lösung. Gleiches gilt bei falschen Antworten.

Die anderen markierten Felder haben folgende Bedeutung:

- (⠩) Du darfst noch einmal würfeln.
- (●) Einmal aussetzen.
- (→) Zwei Felder vorrücken.
- (←) Zwei Felder zurück.

Den Zielort kann man nur mit der passenden Augenzahl erreichen.

WELTREISE – Durch Kontinente

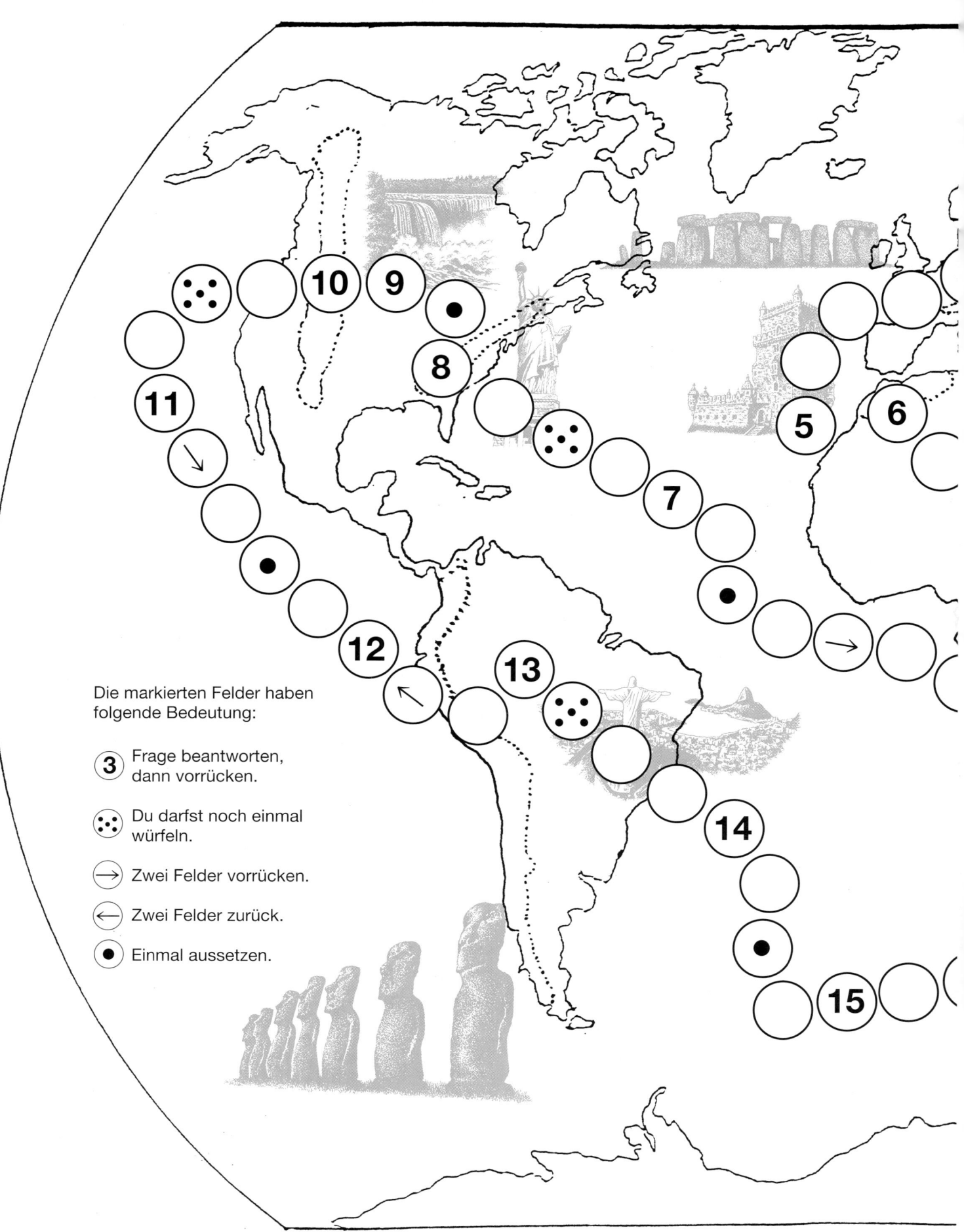

Die markierten Felder haben folgende Bedeutung:

3 Frage beantworten, dann vorrücken.

Du darfst noch einmal würfeln.

→ Zwei Felder vorrücken.

← Zwei Felder zurück.

● Einmal aussetzen.

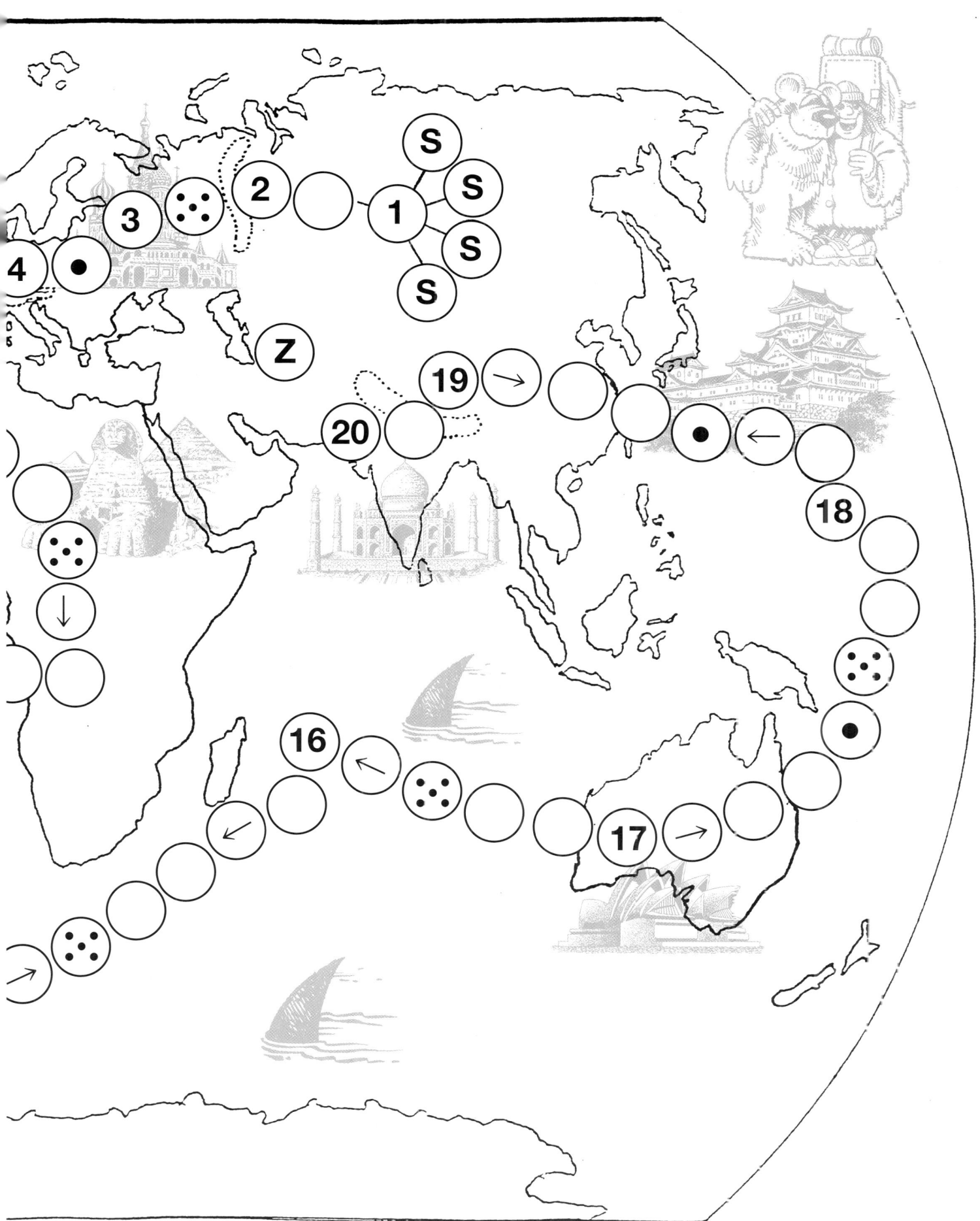

Weltreise
Durch Kontinente, über Ozeane und Hochgebirge
Fragekarten

F 1 Weltreise  In diesem Kontinent wohnen die meisten Bewohner der Erde. Wie heißt er?	**F 2 Weltreise**  Schon nach kurzer Zeit wird es anstrengend. Du musst ein Gebirge überqueren. Nenne seinen Namen!
F 3 Weltreise  Du hast den Kontinent erreicht, in dem wir leben. Er heißt …?	**F 4 Weltreise**  Im Süden liegt das größte Gebirge unseres Erdteils, mit dem Montblanc, dem höchsten Berg des Kontinents. Wie heißt das Gebirge?
F 5 Weltreise  Während der Schifffahrt Richtung Süden erholen wir uns. Wie heißt der Kontinent, der vor uns liegt?	**F 6 Weltreise**  Nach kurzer Erholung neue Anstrengungen: Mein Reisepartner will unbedingt seine Bergschuhe ausprobieren. In welchem Gebirge sind wir unterwegs?
F 7 Weltreise  Auf dem Sonnendeck des Luxusdampfers „MS Passat" genießen wir die Fahrt bei einer gut gekühlten Limonade. Auf welchem Ozean sind wir unterwegs?	**F 8 Weltreise**  Gut erholt geht es mit dem Geländewagen durch das Gebirge im Osten dieses Kontinents. Wie heißt es?
F 9 Weltreise  Dort, wo wir zur Zeit unterwegs sind, lebten vor 500 Jahren viele Indianer. Sie jagten hier und bauten ihre Zelte auf. In welchem Kontinent befinden wir uns?	**F 10 Weltreise**  Diesmal gibt es keine Klettertour. Ein kleiner Abstecher reicht. Wie heißt das Gebirge, das sich im Westen des Kontinents erstreckt?

Weltreise
Durch Kontinente, über Ozeane und Hochgebirge
Lösungen

L 2 Weltreise  Es ist das Uralgebirge.	**L 1 Weltreise**  Er heißt Asien.

L 2   Weltreise

Es ist das Uralgebirge.

L 1   Weltreise

Er heißt Asien.

L 4   Weltreise

Der Montblanc liegt in den Alpen.

L 3   Weltreise

Er heißt Europa.

L 6   Weltreise

Wir klettern im Atlasgebirge.

L 5   Weltreise

Vor uns liegt Afrika.

L 8   Weltreise

Im Geländewagen geht es durch die Appalachen.

L 7   Weltreise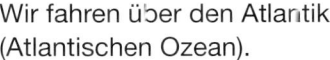

Wir fahren über den Atlantik (Atlantischen Ozean).

L 10   Weltreise

Im Westen Nordamerikas liegen die Rocky Mountains.

L 9   Weltreise

Wir befinden uns in Nordamerika.

Weltreise
Durch Kontinente, über Ozeane und Hochgebirge
Fragekarten

F 11   Weltreise

Sonne, Wasser, blauer Himmel –
so kann es eine Weile bleiben!
Wie heißt der größte Ozean, auf dem
es nun in Richtung Süden geht?

F 12   Weltreise

Nach zwei Wochen Fahrt erblicken wir
im Osten riesige Berge. Es ist das
größte Gebirge des nächsten Kontinents!
Weißt du, wie es heißt?

F 13   Weltreise

Floßfahrt auf dem Amazonas, eine
unvergessliche Tour im tropischen
Regenwald. Beeindruckend!
Dir ist doch sicher klar, wie dieser Kontinent heißt.

F 14   Weltreise

Weißt du noch wie der Ozean heißt,
den wir schon einmal überquert
haben?

F 15   Weltreise

Im Süden tauchen die ersten Eisberge
auf. Von welchem Kontinent haben sie
sich gelöst?

F 16   Weltreise

Langsam wird es wieder wärmer.
Wir erreichen den kleinsten Ozean.
Wie heißt er?

F 17   Weltreise

Wir erreichen den letzten, den
kleinsten Kontinent. Überall sehen wir
Kängurus und Schafe.
Wo sind wir?

F 18   Weltreise

Wir wollen zurück nach Asien, wo
unsere Reise begann. Deshalb sind wir
wieder auf dem größten Ozean unter-
wegs. Kennst du noch seinen Namen?

F 19   Weltreise

Wir nähern uns unserem Ziel. Im
Süden liegt das Gebirge, das für alle
Bergsteiger interessant ist. Ich sehe es
mir lieber aus der Ferne an. Wie heißt es?

F 20   Weltreise

Im Gebirge, das wir überquert haben,
liegt der höchste Berg der Erde.
Wenn du weißt, wie er heißt, darfst du
ins Ziel vorrücken!

Weltreise
Durch Kontinente, über Ozeane und Hochgebirge
Lösungen

L 12　Weltreise  Die Anden sind das größte Gebirge Südamerikas.	**L 11　Weltreise**  Der Pazifik ist der größte Ozean.
L 14　Weltreise  Es ist der Atlantik.	**L 13　Weltreise**  Wir sind in Südamerika.
L 16　Weltreise  Der Indische Ozean ist der kleinste Ozean.	**L 15　Weltreise**  Die Eisberge driften von der Antarktis nach Norden.
L 18　Weltreise  Wir sind auf dem Pazifik unterwegs.	**L 17　Weltreise**  Wir sind in Australien.
L 10　Weltreise  Der höchste Berg der Erde ist der Mount Everest.	**L 19　Weltreise**  Das Gebirge heißt Himalaja.

Übersicht: Staaten und Hauptstädte
Europa

Albanien	Tirana
Andorra	Andorra
Belgien	Brüssel
Bosnien und Herzegowina	Sarajevo
Bulgarien	Sofia
Dänemark	Kopenhagen
Deutschland	Berlin
Estland	Tallinn (Reval)
Finnland	Helsinki
Frankreich	Paris
Griechenland	Athen
Großbritannien	London
Irland	Dublin
Island	Reykjavik
Italien	Rom
Jugoslawien	Belgrad
Kroatien	Zagreb
Lettland	Riga
Liechtenstein	Vaduz
Litauen	Wilna (Vilnius)
Luxemburg	Luxemburg
Malta	Valletta
Mazedonien	Skopje
Moldau (Moldawien)	Kischinjow (Kischinew, Kisinau)
Monaco	Monaco
Niederlande	Amsterdam
Norwegen	Oslo
Österreich	Wien
Polen	Warschau
Portugal	Lissabon
Rumänien	Bukarest
Russland	Moskau
San Marino	San Marino
Schweden	Stockholm
Schweiz	Bern
Slowakei	Pressburg (Bratislava)
Slowenien	Laibach (Ljubljana)
Spanien	Madrid
Tschechische Republik	Prag
Türkei	Ankara
Ukraine	Kiew
Ungarn	Budapest
Vatikanstadt	Vatikanstadt
Weißrussland	Minsk
Zypern	Nikosia (Nicosia)

Übersicht: Staaten und Hauptstädte
Afrika

Ägypten	Kairo
Algerien	Algier
Angola	Luanda
Äquatorialguinea	Malabo
Äthiopien	Addis Abeba
Benin	Porto Novo
Botsuana (Botswana)	Gaborone
Burkina Faso	Ouagadougou (Wogadugo)
Burundi	Bujumbara (Bujumbura)
Côte d'Ivoire (Elfenbeinküste)	Yamoussoukro
Dschibuti (Djibouti)	Dschibuti (Djibouti)
Eritrea	Asmara
Gabun	Libreville
Gambia	Banjul
Ghana	Accra
Guinea	Conakry
Guinea-Bissau	Bissau
Kamerun	Jaunde (Yaounde)
Kap Verde	Praia
Kenia	Nairobi
Komoren	Moroni
Kongo	Brazzaville
Kongo (Zaire)	Kinshasa
Lesotho	Maseru
Liberia	Monrovia
Libyen	Tripolis
Madagaskar	Antananarivo
Malawi	Lilongwe
Mali	Bamako
Marokko	Rabat
Mauretanien	Nouakchott
Mauritius	Port Louis
Mosambik (Mocambique)	Maputo
Namibia	Windhuk
Niger	Niamey
Nigeria	Abuja
Ruanda	Kigali
Sambia	Lusaka
Senegal	Dakar
Seychellen	Victoria
Sierra Leone	Freetown
Simbabwe (Zimbabwe)	Harare
Somalia	Mogadischu (Mogadisʼu)
Südafrika	Pretoria
Sudan	Khartoum (Khartum)
Swasiland	Mbabane
Tansania	Dodoma
Togo	Lomé
Tschad	N'Djamena (Ndjamena)
Tunesien	Tunis
Uganda	Kampala
Zentralafrika	Bangui

Übersicht: Staaten und Hauptstädte
Nord-, Mittel- und Südamerika

Antigua und Barbuda	St. John's
Argentinien	Buenos Aires
Bahamas	Nassau
Barbados	Bridgetown
Belize	Belmopan
Bolivien	Sucre
Brasilien	Brasilia
Chile	Santiago de Chile
Costa Rica	San José
Dominica	Roseau
Dominikanische Republik	Santo Domingo
Ecuador	Quito
El Salvador	San Salvador
Grenada	St. Georges
Guatemala	Guatemala
Guyana	Georgetown
Haiti	Port-au-Prince
Honduras	Tegucigalpa
Jamaika	Kingston
Kanada	Ottawa
Kolumbien	Bogotá
Kuba	Havanna
Mexiko	Mexiko
Nicaragua	Managua
Panama	Panama
Paraguay	Asunción
Peru	Lima
Suriname	Paramaribo
Trinidad und Tobago	Port-of-Spain
Uruguay	Montevideo
USA	Washington
Venezuela	Caracas

Übersicht: Staaten und Hauptstädte
Asien

Afghanistan	Kabul
Armenien	Jerewan
Aserbaidschan	Baku
Bahrain	Manama
Bangladesch (Bangladesh)	Dhaka
Bhutan	Thimphu
Brunei	Bandar Seri Begawan
China	Peking
Georgien	Tiflis
Indien	Neu-Delhi
Indonesien	Jakarta
Irak	Bagdad
Iran	Teheran
Israel	Jerusalem
Japan	Tokio
Jemen	Sanaa (Sana)
Jordanien	Amman
Kambodscha	Phnom Penh
Kasachstan	Almaty (Alma Ata)
Katar	Doha
Kirgistan (Kirgisistan)	Bischkek
Korea (Nord)	Pjöngjang (Pyongyang)
Korea (Süd)	Seoul
Kuwait	Kuwait
Laos	Vientiane
Libanon	Beirut
Malaysia	Kuala Lumpur
Malediven	Male
Mongolei	Ulan-Bator
Myanmar (Birma)	Yangon (Rangun)
Nepal	Kathmandu (Katmandu)
Oman	Maskat
Pakistan	Islamabad
Philippinen	Manila
Russland	Moskau
Saudi-Arabien	Riad (Er Riad)
Singapur	Singapur
Sri Lanka	Colombo
Syrien	Damaskus
Tadschikistan	Duschanbe
Taiwan	Taipeh
Thailand	Bangkok
Türkei	Ankara
Turkmenistan	Aschchabad
Usbekistan	Taschkent
Verein. Arabische Emirate	Abu Dhabi
Vietnam	Hanoi

Domino

Hinweise – Spielanleitung

Vorbereitung:

– Vorlagen auf Karton kleben (gesamte Fläche mit Klebemittel versehen);
– Vorlagen folieren; (Es bietet sich an, für verschiedene Kontinente verschiedenfarbigen Karton zu wählen, da die Einzelsteine dann nach ihrer Verwendung besser zu sortieren sind.) Alternative: Vorlagen auf farbiges Papier kopieren und laminieren;
– Dominosteine ausschneiden.

Spielanleitung:

Die Dominosteine sind nicht mit Punkten, sondern mit Staaten und ihren Hauptstädten versehen. Die einzelnen Bausteine werden gleichmäßig auf die Mitspieler verteilt. Man beginnt mit einem beliebigen Stein und legt so Stein an Stein, dass jeweils ein Staat und seine Hauptstadt zusammenliegen. Wer ohne Hilfe die meisten Steine richtig anlegen kann, gewinnt. Ein Spielleiter kontrolliert mit Hilfe der Lösungsliste die Mitspieler. Diese enthält alle Staaten mit ihren Hauptstädten in alphabetischer Reihenfolge (siehe S. 66 ff.).
Indem weitere Dominosteine „eingeschmuggelt" werden, die nicht zum betreffenden Kontinent gehören, kann man das Spiel schwieriger gestalten. Diese „Fremdkörper" müssen dann während des Spiels aussortiert werden.

Hinweise zum Einsatz im Unterricht:

Das Dominospiel eignet sich zur spielerischen Erarbeitung der Hauptstädte von Staaten verschiedener Kontinente. In den ersten Runden kann dabei durchaus mit Hilfe von Atlanten gearbeitet werden.
Die Dominos können auch sinnvoll zur Wiederholung bzw. Übung vor einem Test oder in einer Vertretungsstunde eingesetzt werden. Außerdem sind sie gut in der Wochenplanarbeit zu integrieren.
Ein Spielleiter ist in diesen Fällen nicht unbedingt notwendig. Wenn sich Schülerinnen oder Schüler alleine mit den Dominosteinen beschäftigen, bietet sich eine Selbstkontrolle anhand der Lösungsliste an. Schwächere Schüler könnten ihre Ergebnisse auch schriftlich fixieren (z. B. in Form einer Tabelle: „Staaten und ihre Hauptstädte") und diese dann mit der Lösungsliste vergleichen und verbessern.

Großbritannien Rom	Italien Oslo	Norwegen Sofia
Bulgarien Helsinki	Finnland Berlin	Deutschland Tirana
Albanien Paris	Frankreich Athen	Griechenland Bern
Schweiz Lissabon	Portugal Moskau	Russland Luxemburg
Luxemburg Warschau	Polen Reykjavik	Island Amsterdam
Niederlande Budapest	Ungarn Madrid	Spanien Bukarest
Rumänien Brüssel	Belgien Kopenhagen	Dänemark Riga
Lettland Wien	Österreich Dublin	Irland Tallinn (Reval)
Estland Zagreb	Kroatien Stockholm	Schweden Pressburg (Bratislava)

Slowakei Sarajevo	**Bosnien u. Herzegowina** Vaduz	**Liechtenstein** Prag
Tschechische Republik Wilna	**Litauen** Kischinjow	**Moldau** Valletta
Malta Laibach (Ljubljana)	**Slowenien** Minsk	**Weißrussland** Belgrad
Jugoslawien Kiew	**Ukraine** Skopje	**Mazedonien** London

Ägypten	Nairobi	Kenia	Libreville	Gabun	Windhuk
Namibia	**Dodoma**	**Tansania**	**Maputo**	**Mosambik**	**Tunis**
Tunesien	**Addis Abeba**	**Äthiopien**	**Bamako**	**Mali**	**Nouakchott**
Mauretanien	**Jaunde**	**Kamerun**	**Monrovia**	**Liberia**	**Rabat**
Marokko	**Niamey**	**Niger**	**Ouagadougou (Wogadugo)**	**Burkina Faso**	**Lomé**
Togo	**Antananarivo**	**Madagaskar**	**Accra**	**Ghana**	**Abuja**
Nigeria	**Kigali**	**Ruanda**	**Khartoum**	**Sudan**	**Kampala**
Uganda	**Lusaka**	**Sambia**	**Algier**	**Algerien**	**Freetown**
Sierra Leone	**Dakar**	**Senegal**	**Brazzaville**	**Kongo**	**Kinshasa**

Afrika

Kongo (Zaire) Pretoria	Südafrika Tripolis	Libyen Luanda
Angola Mogadischu	Somalia Harare	Simbabwe Banjul
Gambia Bissau	Guinea-Bissau Yamoussoukro	Côte d'Ivoire (Elfenbeinküste) Bangui
Zentralafrika Gaborone	Botsuana Dschibuti	Dschibuti Porto Novo
Benin Bujumbara	Burundi Conakry	Guinea Kairo

Dominikanische Republik Panama	Panama Lima	Peru Bogotá
Kolumbien Sucre	Bolivien Mexiko	Mexiko Asunción
Paraguay Washington	USA Brasilia	Brasilien San José
Costa Rica San Salvador	El Salvador Caracas	Venezuela Buenos Aires
Argentinien Santiago de Chile	Chile Montevideo	Uruguay Georgetown
Guyana Ottawa	Kanada Belmopan	Belize Managua
Nicaragua Paramaribo	Suriname Tegucigalpa	Honduras Port-au-Prince
Haiti Havanna	Kuba Kingston	Jamaika Nassau
Bahamas Quito	Ecuador Guatemala	Guatemala Santo Domingo

Pakistan Ankara	**Türkei** Jerusalem	**Israel** Pjöngjang
Korea (Nord) Phnom Penh	**Kambodscha** Tokio	**Japan** Seoul
Korea (Süd) Moskau	**Russland** Taipeh	**Taiwan** Manila
Philippinen Jakarta	**Indonesien** Ulan-Bator	**Mongolei** Bangkok
Thailand Kuala Lumpur	**Malaysia** Vientiane	**Laos** Aschchabad
Turkmenistan Hanoi	**Vietnam** Duschanbe	**Tadschikistan** Yangon (Rangun)
Myammar (Birma) Dhaka	**Bangladesch** Thimphu	**Bhutan** Kathmandu
Nepal Neu-Delhi	**Indien** Damaskus	**Syrien** Peking
China Kabul	**Afghanistan** Bischkek	**Kirgistan** Almaty (Alma Ata)

Kasachstan Taschkent	Usbekistan Teheran	Iran Abu Dhabi
Arabische Emirate Baku	Aserbaidschan Tiflis	Georgien Jerewan
Armenien Amman	Jordanien Bagdad	Irak Beirut
Libanon Riad	Saudi-Arabien Doha	Katar Kuwait
Kuwait Maskat	Oman Sanaa	Jemen Colombo
Sri Lanka Islamabad		

Trimino

Hinweise – Spielanleitung

Vorbereitung:

– Vorlagen auf Karton kleben (gesamte Fläche mit Klebemittel versehen);
– Vorlagen folieren; (Es bietet sich an, für verschiedene Kontinente verschiedenfarbigen Karton zu wählen, da die Einzelsteine dann nach ihrer Verwendung besser zu sortieren sind.) Alternative: Vorlagen auf farbiges Papier kopieren und laminieren.
– Triminosteine ausschneiden.

Spielanleitung:

Die einzelnen Bausteine sind mit Staaten und ihren Hauptstädten beschriftet. Die Triminos werden – mit der beschrifteten Seite nach oben – auf dem Spieltisch ausgebreitet. Man beginnt mit einem beliebigen Baustein und legt reihum Trimino an Trimino so an, dass jeweils ein Staat und seine Hauptstadt zusammenliegen. Wer ohne Hilfe die meisten Bausteine richtig anlegen kann, gewinnt. Ein Spielleiter kontrolliert die Mitspieler mit Hilfe der Lösungsvorlagen zu den einzelnen Kontinenten.

Indem weitere Triminosteine „eingeschmuggelt" werden, die nicht zum betreffenden Kontinent gehören, kann man das Spiel schwieriger gestalten. Diese „Fremdkörper" müssen dann während des Spiel aussortiert werden.

Man kann die Triminos auch in der Einzel- bzw. Partnerarbeit einsetzen. Ein Spielleiter wird dann nicht benötigt. Die Spieler kontrollieren sich selbst mit Hilfe von Lösungsvorlagen.

Hinweise zum Einsatz im Unterricht:

Die Triminos eignen sich zur spielerischen Erarbeitung der Hauptstädte von Staaten verschiedener Kontinente. In den ersten Runden kann dabei durchaus mit Hilfe von Atlanten gearbeitet werden. Die Triminos können auch sinnvoll zur Wiederholung bzw. Übung vor einem Test oder in einer Vertretungsstunde eingesetzt werden. Außerdem sind sie gut in der Wochenplanarbeit zu integrieren.

Trimino

EUROPA (1)

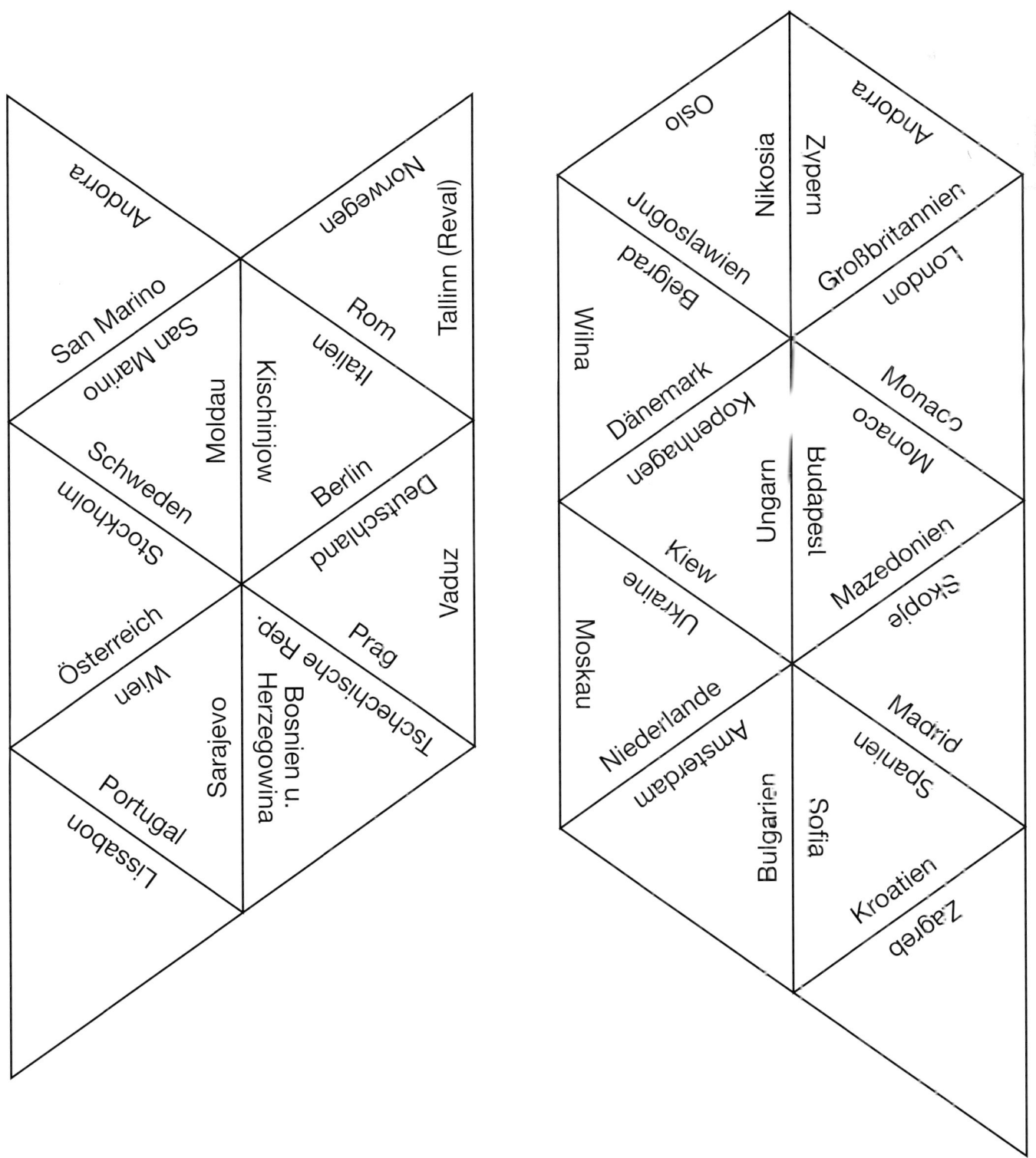

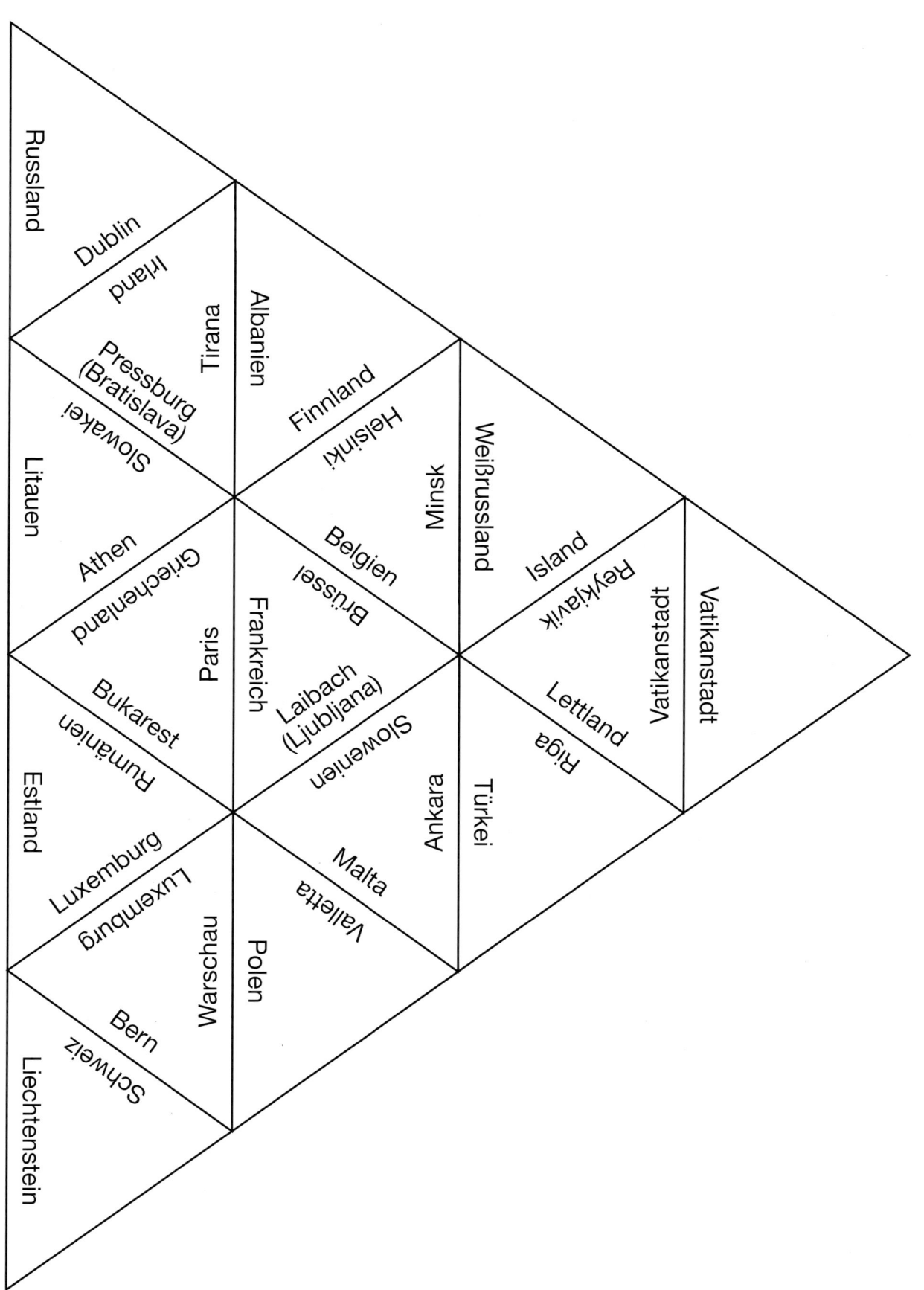

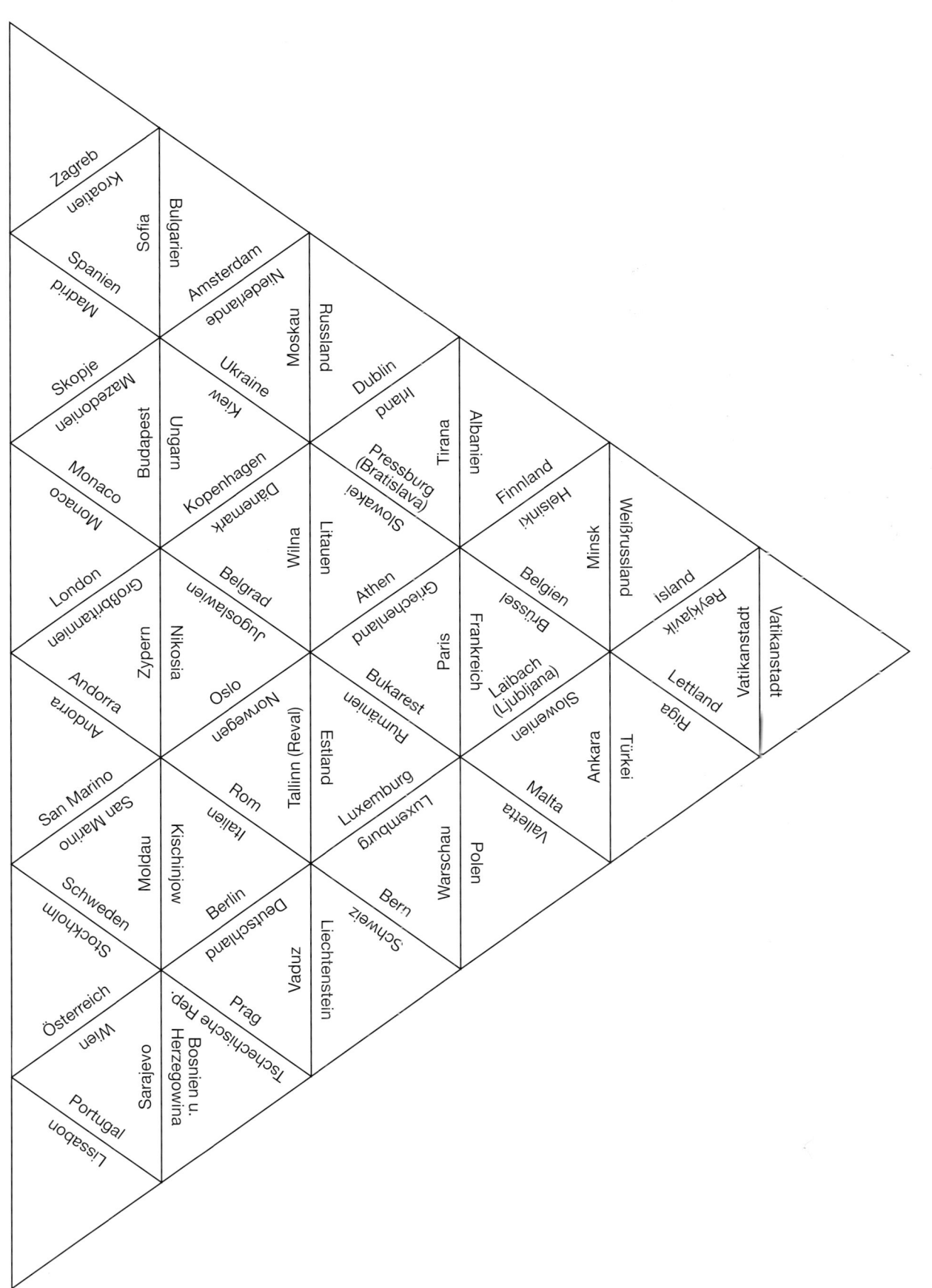

Trimino
AFRIKA (1)

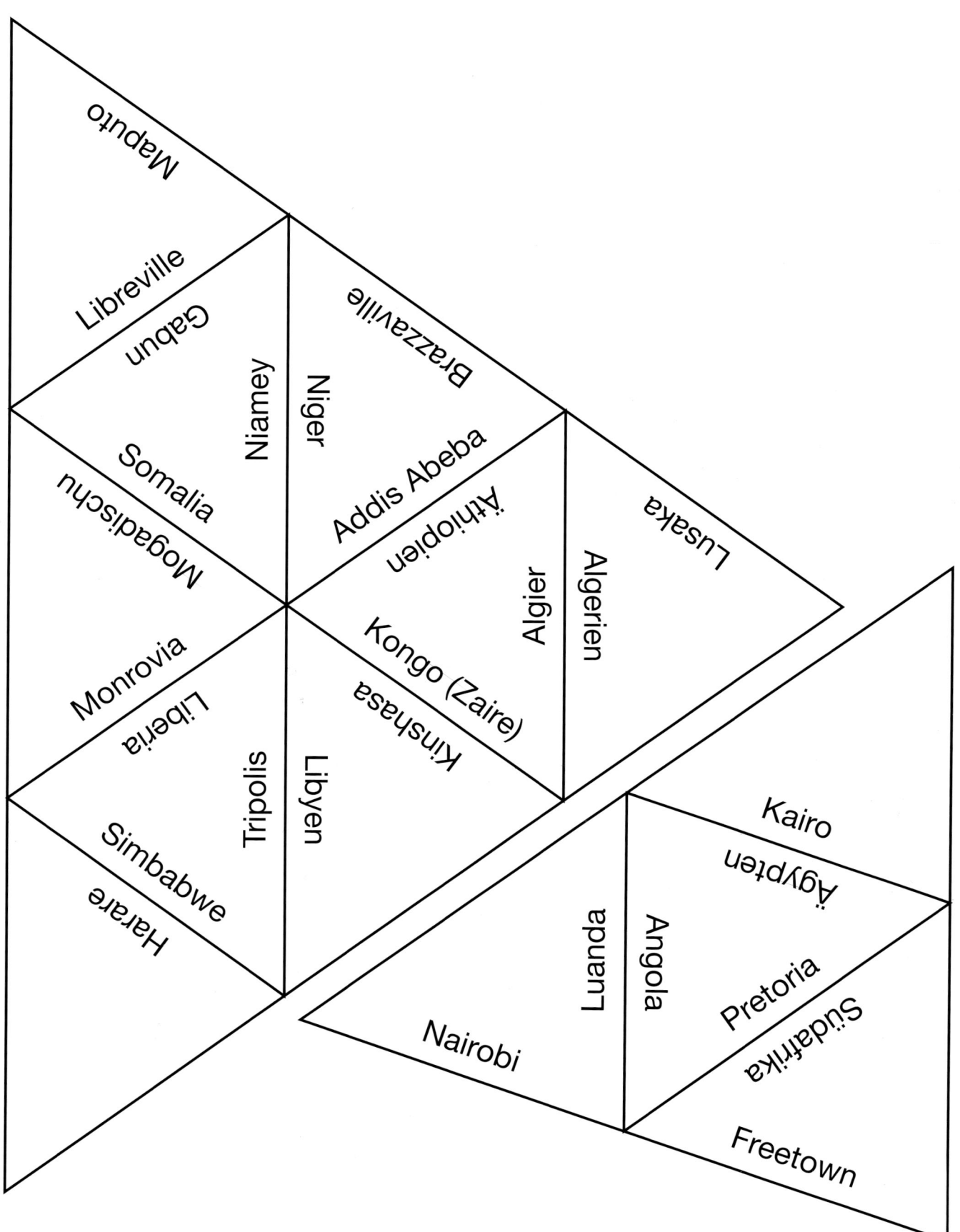

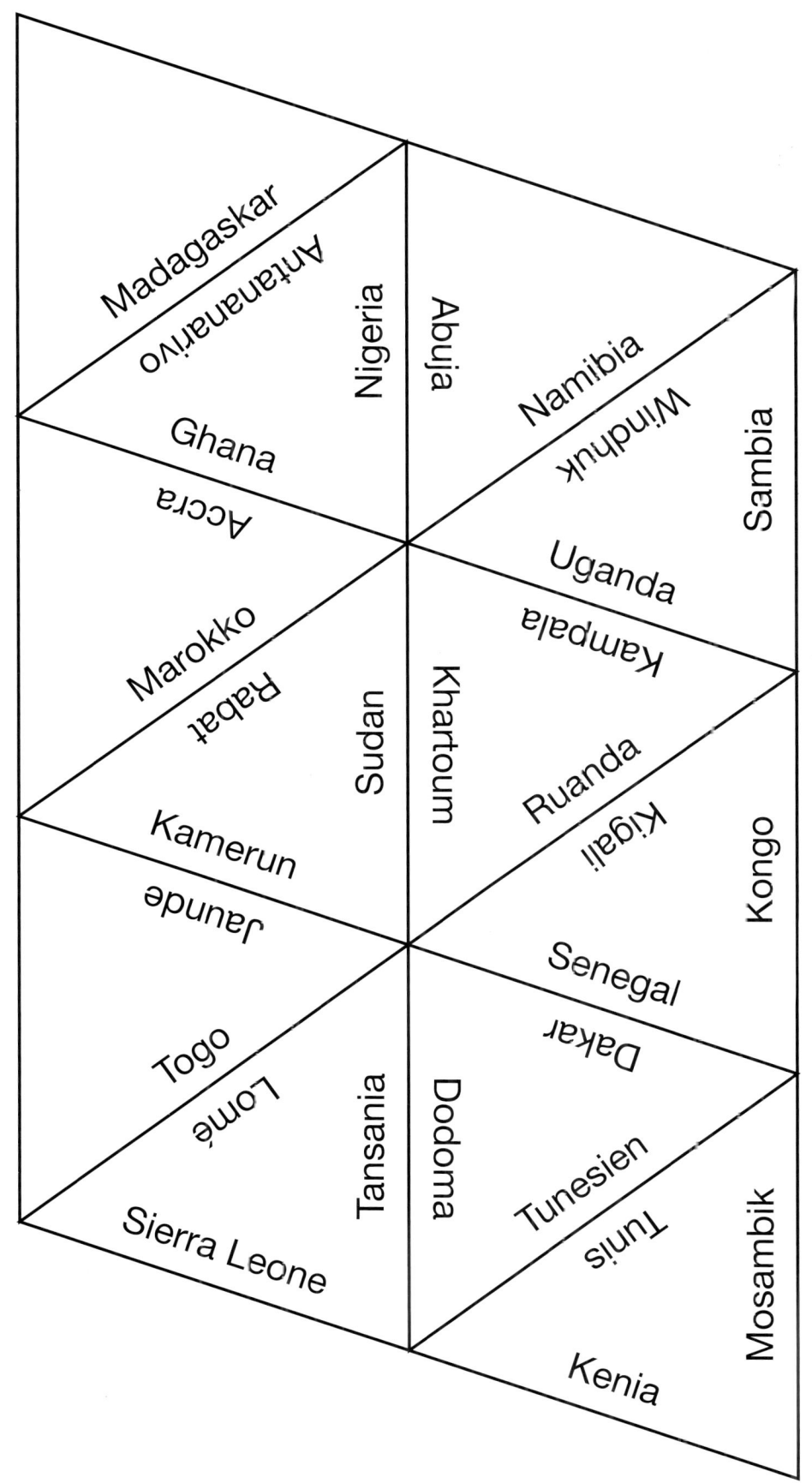

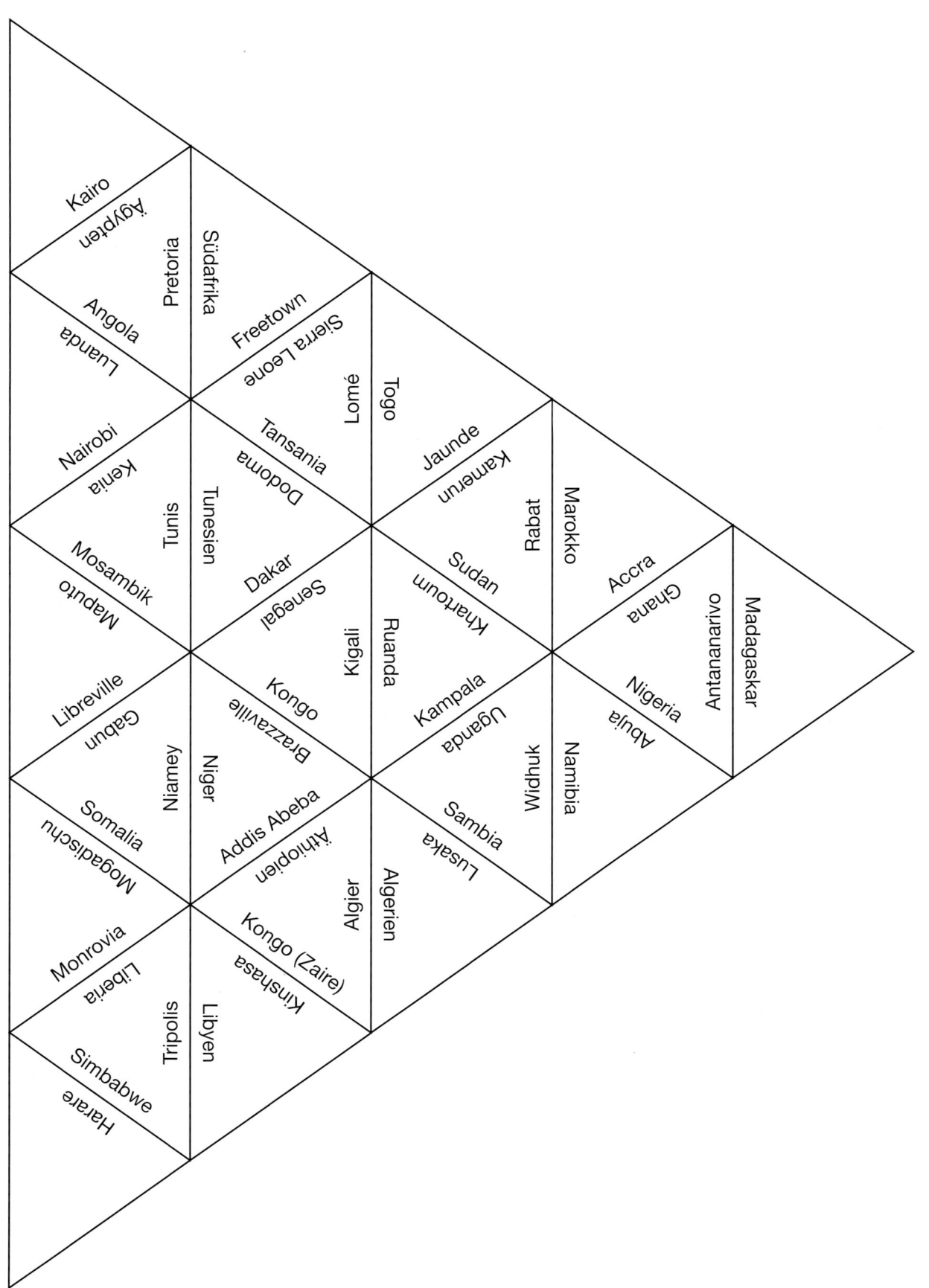

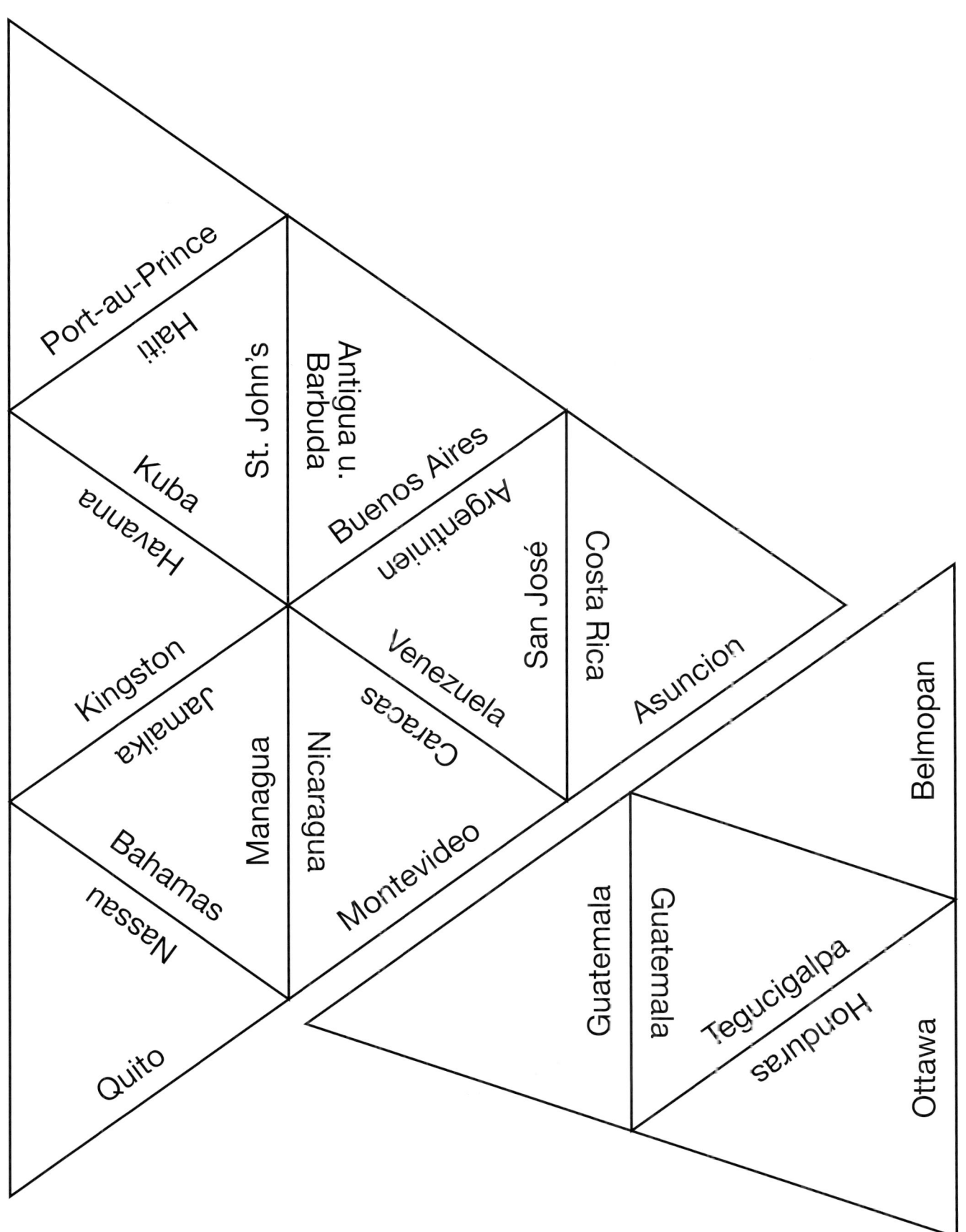

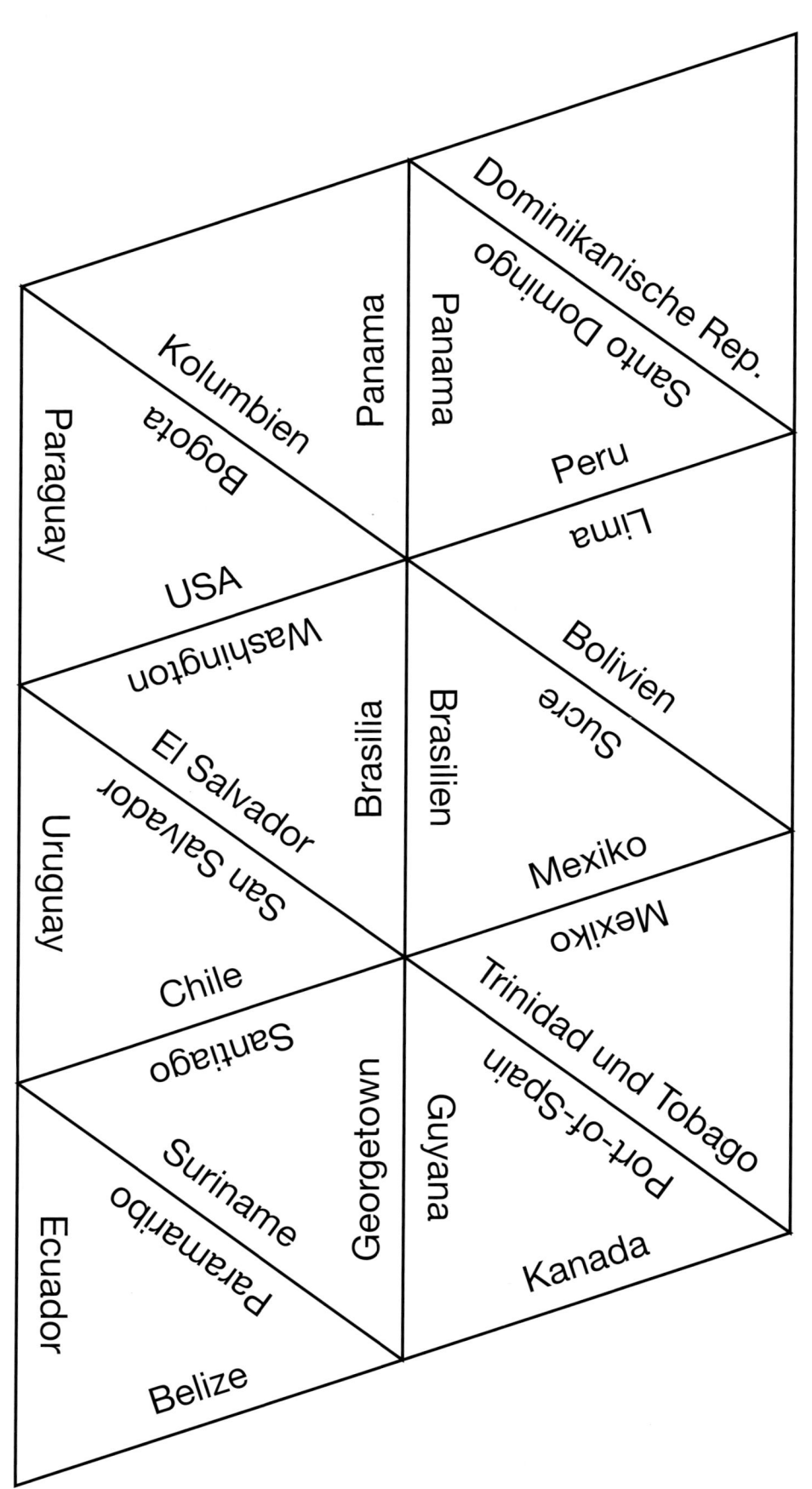

Trimino

AMERIKA

Lösungen

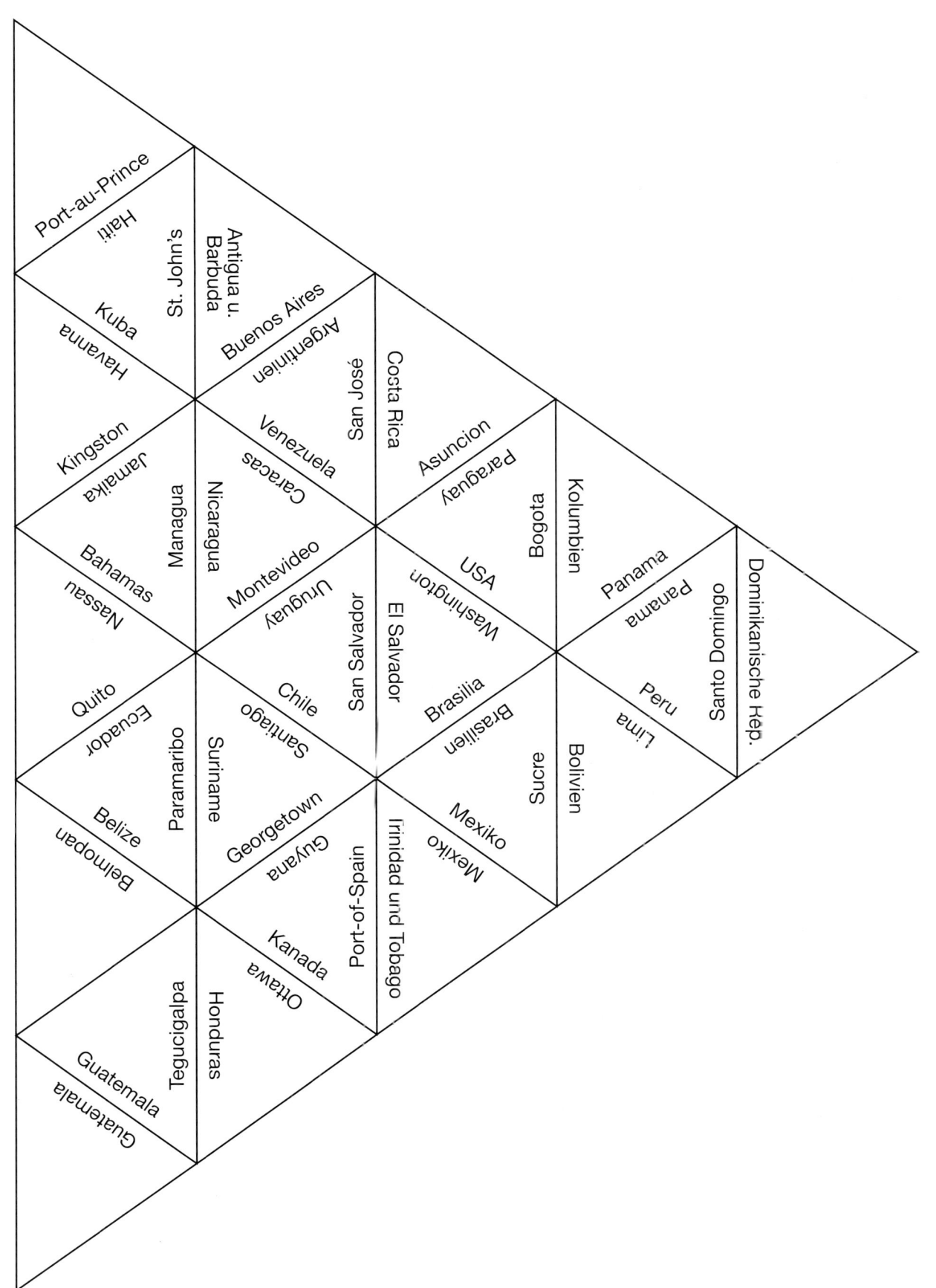

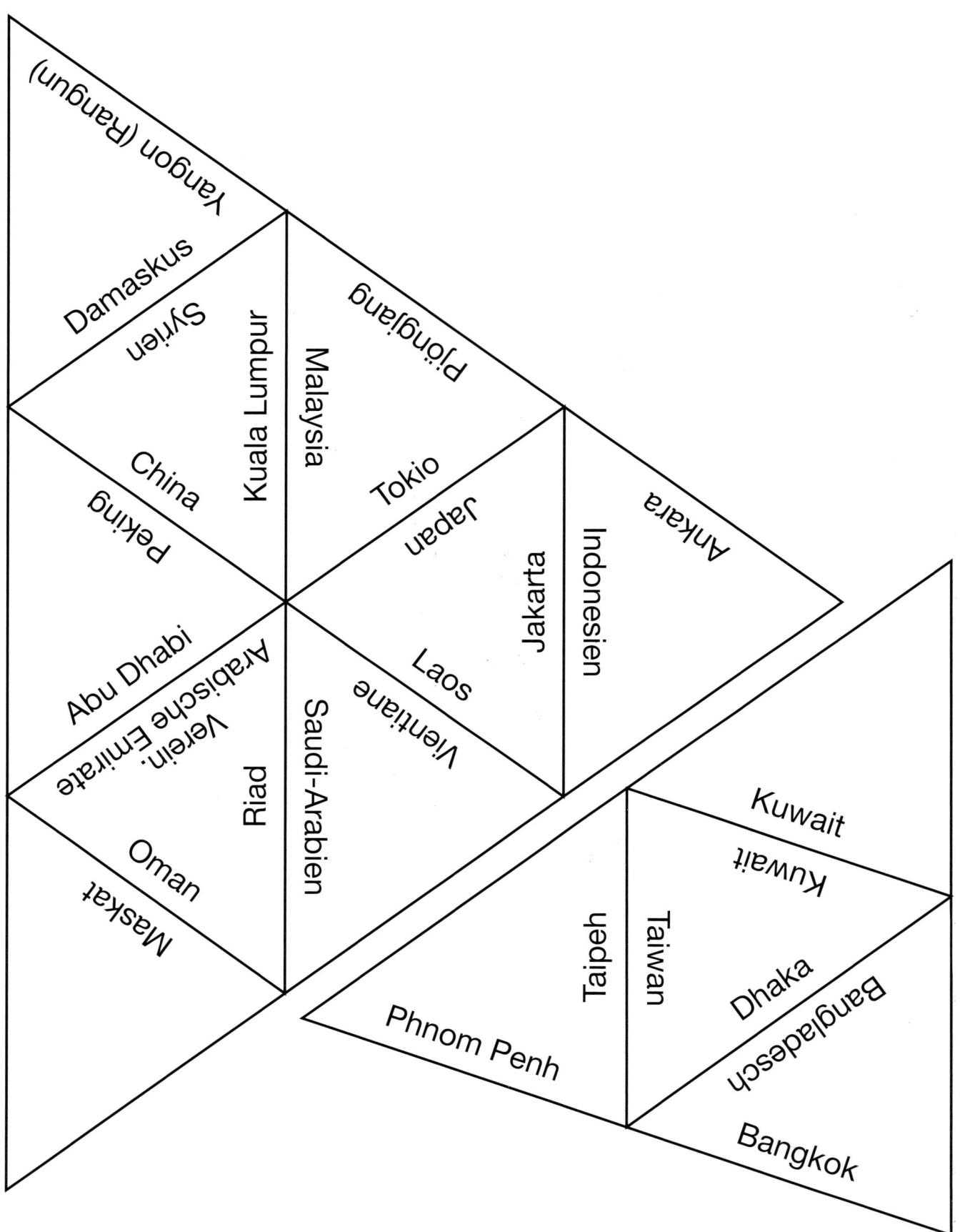

Trimino

ASIEN (2)

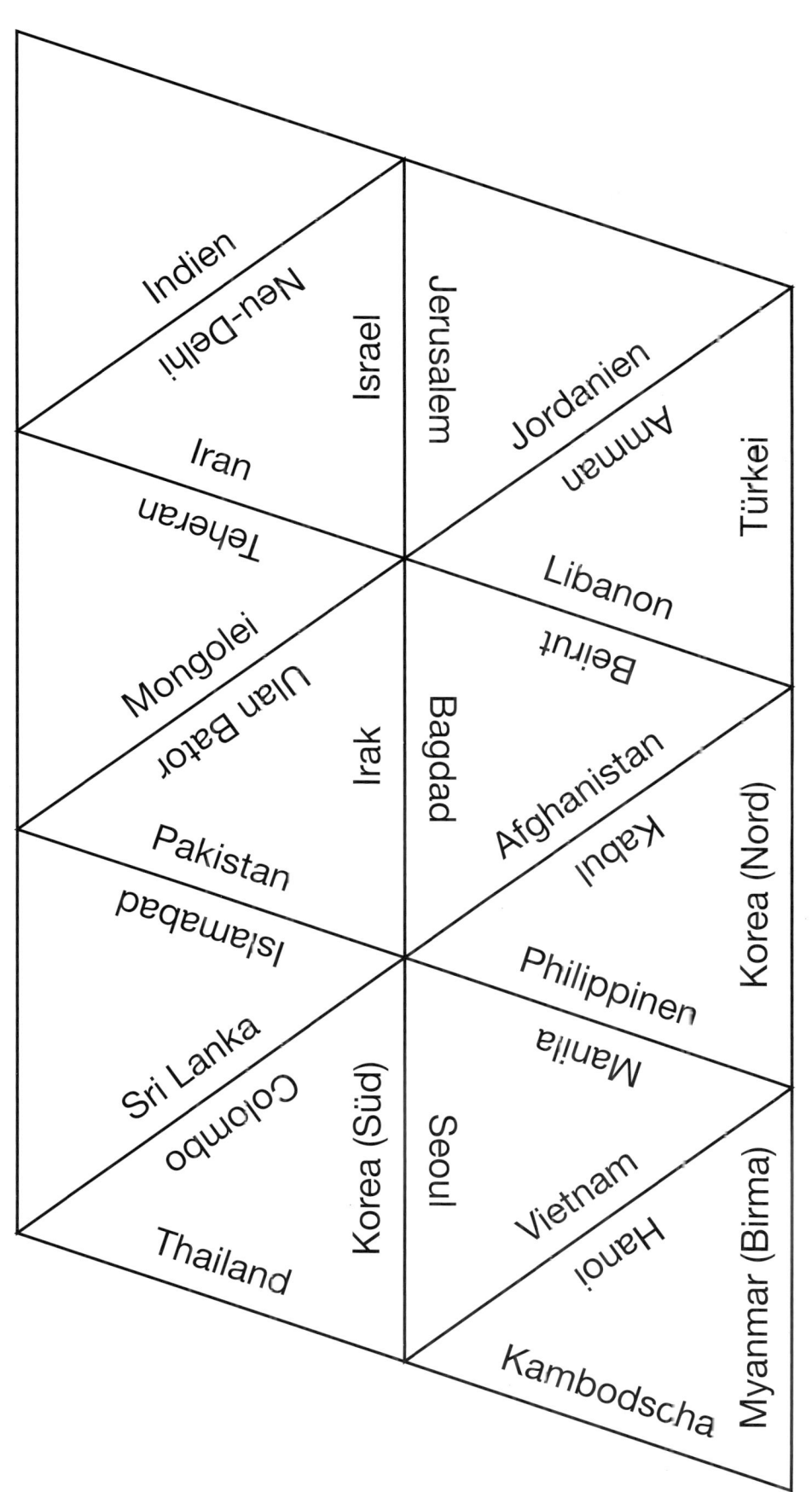

Trimino

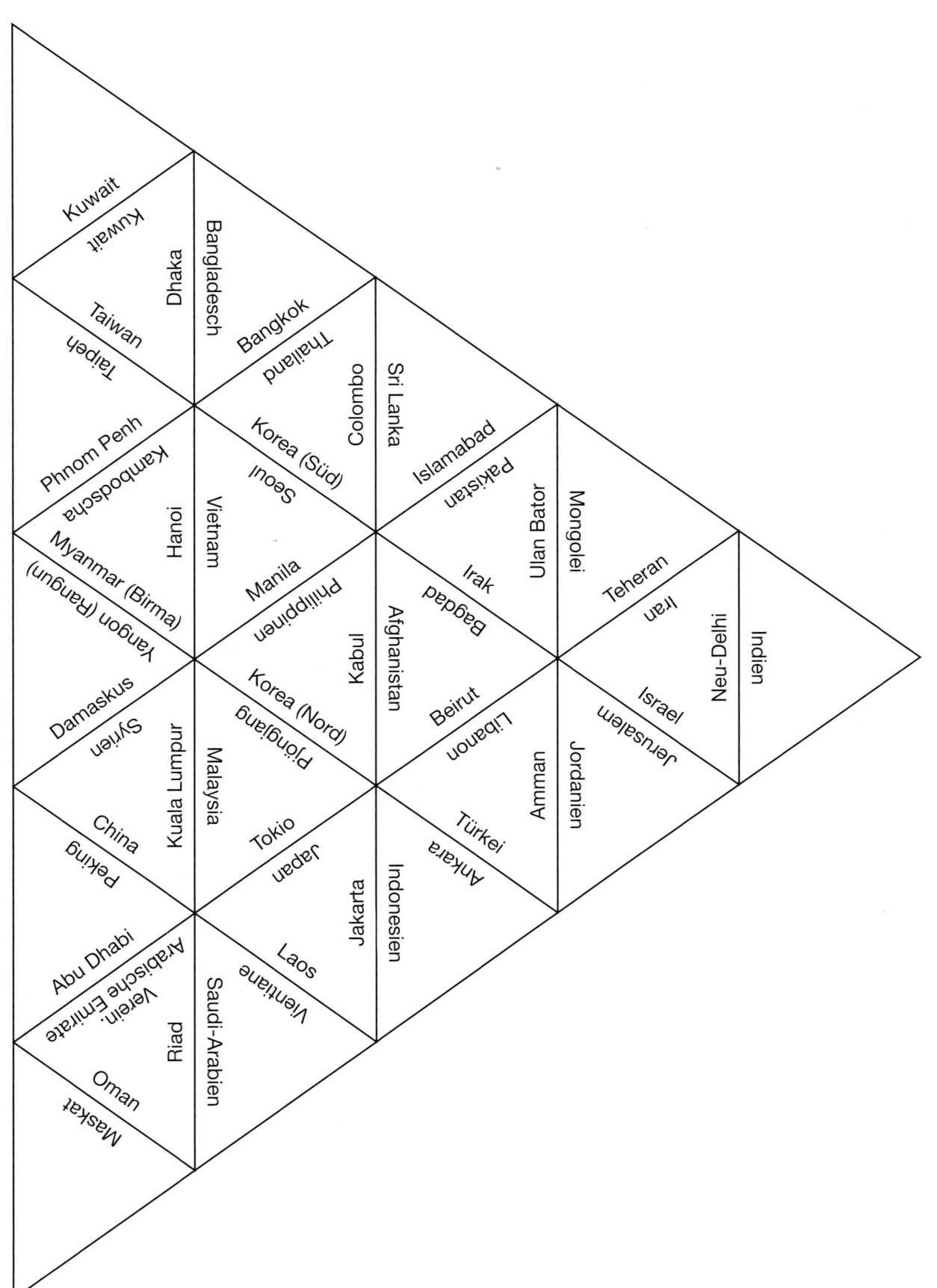

Trimino

LEER

Zum Ausprobieren

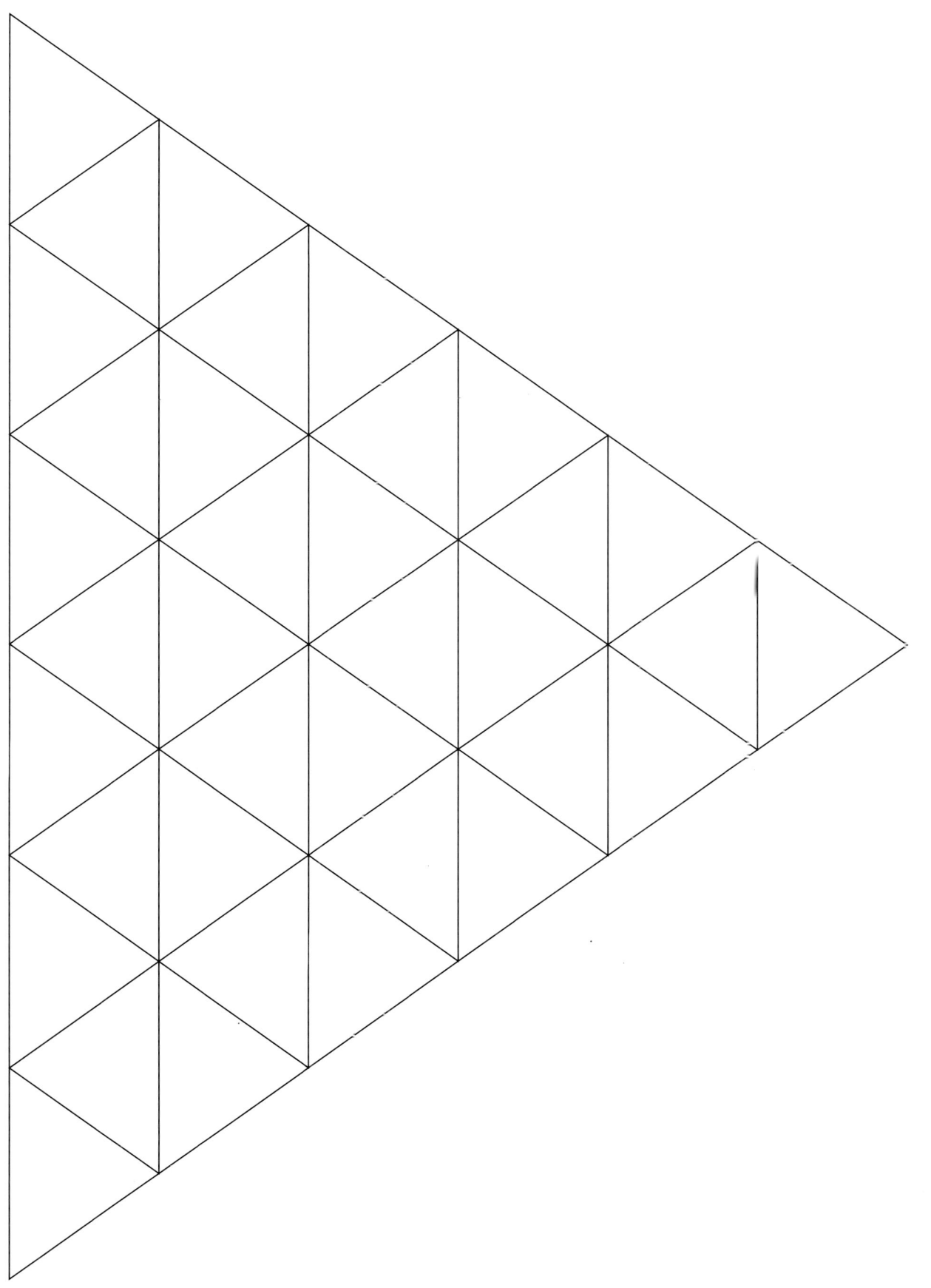

Bausteine: Staaten und Hauptstädte der Erde

Hinweise – Spielanleitung

Vorbereitung:

– Vorlagen auf Karton kleben (gesamte Fläche mit Klebemittel versehen);
– Vorlagen folieren oder laminieren;
– einzelne Bausteine ausschneiden.

Spielanleitung:

Die einzelnen Bausteine sind mit Staaten und ihren Hauptstädten beschriftet. Sie werden auf dem Spieltisch – mit der beschrifteten Seite nach oben – ausgebreitet. Man beginnt mit einem beliebigen Stein und legt so Stein an Stein, dass jeweils ein Staat und seine Hauptstadt zusammenliegen. Wer ohne Hilfe die meisten Steine richtig anlegen kann, gewinnt. Ein Spielleiter kontrolliert mit Hilfe der Lösungsvorlage die Mitspieler.

Hinweise zum Einsatz im Unterricht:

Dieses Spiel eignet sich für Schülerinnen und Schüler, die bereits über gute Topografiekenntnisse verfügen (Klassenstufe 9/10).
Es lässt sich hiermit auch überprüfen, welche Hauptstädte den Staaten aller Kontinente bereits zugeordnet werden können. Dies kann in Einzel-, Partner- oder Kleingruppenarbeit geschehen. In den ersten Runden kann dabei durchaus mit Hilfe des Atlanten gearbeitet werden. Auch in Vertretungsstunden lassen sich die Bausteine sinnvoll einsetzen.

	Amman	Kuba	Kathmandu	Haiti
Riga	Jordanien — Lettland — Algerien — A	Havanna — Algier — Pressburg (Bratislava) — Jakarta	Nepal — Slowakei — Sambia — Brasilien	Port-au-Prince — Lusaka — Stockholm — Taipeh
Ukraine	Antananarivo — Kiew — U — Beirut	Indonesien — Madagaskar — Spanien — Suriname	Brasilia — Madrid — Abuja — Bangkok	Taiwan — Nigeria — Ungarn — USA
Vaduz	Libanon — Liechtenstein — Niger — P	Paramaribo — Niamey — Warschau — Seoul	Thailand — Polen — Liberia — Dominikanische Rep.	Washington — Monrovia — Moskau — Islamabad
Tschechien	T — Prag — Bamako — Riad	Korea (Süd) — Mali — Finnland — Bolivien	Santo Domingo — Helsinki — Kairo — Ankara	Pakistan — Ägypten — Italien — Kanada

Thimphu	Honduras	Jerewan	
Bhutan · Schweden · Uganda · Nicaragua	Tegucigalpa · Kampala · Wien · Manila	Armenien · Österreich · Côte d'Ivoire · L	Yamoussoukro
Managua · Budapest · Kigali · Ulan-Bator	Philippinen · Ruanda · Niederlande · Mazedonien	Ä: · Amsterdam · Kinshasa · Kabul	Kongo (Zaire)
Mongolei · Russland · Mauretanien · Paraguay	Skopje · Nouakchott · Bern · Kuala Lumpur	Afghanistan · Schweiz · Südafrika · N	Pretoria
Asuncion · Rom · Dodoma · Pjöngjang	Malaysia · Tansania · Griechenland · Guyana	D · Athen · Tripolis · Bischkek	Libyen

Saudi-Arabien · Wilna · Litauen · Mosambik · S · Maputo	Sucre · Oslo · Phnom Penh	Türkei · Norwegen · Tunesien · Peru	Ottawa · Tunis · Paris · Bagdad
Malta · Valletta · T · Addis Abeba · Kuwait	Kambodscha · Äthiopien · Bulgarien · Mexiko	Lima · Sofia · Nairobi · Jerusalem	Irak · Kenia · Großbritannien · Panama
Laibach (Ljubljana) · Slowenien · Kuwait · Burkina Faso · Ä · Ouagadougou	Mexiko · Reykjavik · Yangon (Rangun)	Israel · Island · Marokko · Costa Rica	Panama · Rabat · Luxemburg · Dhaka
Weißrussland · Minsk · D · Lomé · Sri Lanka	Myanmar (Birma) · Togo · Rumänien · Venezuela	San José · Bukarest · Accra · Duschanbe	Bangladesch · Ghana · Belgien · El Salvador
Belgrad · Jugoslawien · Colombo · Senegal · T	Caracas · Dakar · Zagreb · Neu-Delhi	Tadschikistan · Kroatien · Sierra Leone · Jamaika	San Salvador · Freetown · Tallinn (Reval) · Damaskus
	E · Indien	Kingston	Syrien

Korea (Nord) / Frankreich / Namibia / Kolumbien	Georgetown / Windhuk / Berlin / Vientiane	Kirgistan / Deutschland / Angola / E	Luanda
Bogota / London / Libreville / Tokio	Laos / Gabun / Albanien / Uruguay	R / Tirana / Mogadischu / Almaty (Alma Ata)	Somalia
Japan / Luxemburg / Kamerun / Argentinien	Montevideo / Jaunde / Lissabon / Aschchabad	Kasachstan / Portugal / Simbabwe / U	Harare
Buenos Aires / Brüssel / Khartoum / Hanoi	Turkmenistan / Sudan / Dänemark / Chile	N / Kopenhagen / Banjul / Taschkent	Gambia
Vietnam / Estland / Kongo / Ecuador	Santiago / Brazzaville / Dublin / Peking	Usbekistan / Irland / Guinea / D	Conakry
Quito	China	H	

96

Amman	Kuba	Kathmandu	Haiti	Thimphu	Honduras	Jerewan	
Jordanien / Riga / Lettland / Algerien / A	Havanna / Algier / Pressburg (Bratislava) / Jakarta	Nepal / Slowakei / Sambia / Brasilien	Port-au-Prince / Lusaka / Stockholm / Taipeh	Bhutan / Schweden / Uganda / Nicaragua	Tegucigalpa / Kampala / Wien / Manila	Armenien / Österreich / Côte d'Ivoire / L	Yamoussoukro
C / Ukraine / Kiew / Antananarivo / Beirut	Indonesien / Madagaskar / Spanien / Suriname	Brasilia / Madrid / Abuja / Bangkok	Taiwan / Nigeria / Ungarn / USA	Managua / Budapest / Kigali / Ulan-Bator	Philippinen / Ruanda / Niederlande / Mazedonien	Amsterdam / Ä: / Kinshasa / Kabul	Kongo (Zaire)
Libanon / Vaduz / Liechtenstein / Niger / P	Paramaribo / Niamey / Warschau / Seoul	Thailand / Polen / Liberia / Dominikanische Rep.	Washington / Monrovia / Moskau / Islamabad	Mongolei / Russland / Mauretanien / Paraguay	Skopje / Nouakchott / Bern / Kuala Lumpur	Afghanistan / Schweiz / Südafrika / N	Pretoria
T / Tschechien / Prag / Bamako / Riad	Korea (Süd) / Mali / Finnland / Bolivien	Santo Domingo / Helsinki / Kairo / Ankara	Pakistan / Ägypten / Italien / Kanada	Asuncion / Rom / Dodoma / Pjöngjang	Malaysia / Tansania / Griechenland / Guyana	D / Athen / Tripolis / Bischkek	Libyen
Saudi-Arabien / Wilna / Litauen / Mosambik / S	Sucre / Maputo / Oslo / Phnom Penh	Türkei / Norwegen / Tunesien / Peru	Ottawa / Tunis / Paris / Bagdad	Korea (Nord) / Frankreich / Namibia / Kolumbien	Georgetown / Windhuk / Berlin / Vientiane	Kirgistan / Deutschland / Angola / F	Luanda
T / Malta / Valletta / Addis Abeba / Kuwait	Kambodscha / Äthiopien / Bulgarien / Mexiko	Lima / Sofia / Nairobi / Jerusalem	Irak / Kenia / Panama	Großbritannien / Bogota / London / Tokio	Laos / Libreville / Gabun / Uruguay	R / Tirana / Albanien / Mogadischu / Almaty (Alma Ata)	Somalia
Kuwait / Laibach (Ljubljana) / Slowenien / Burkina Faso / Ä:	Mexiko / Ouagadougou / Reykjavik / Yangon (Rangun)	Israel / Island / Marokko / Costa Rica	Panama / Rabat / Luxemburg / Dhaka	Japan / Luxemburg / Kamerun / Argentinien	Montevideo / Jaunde / Lissabon / Aschchabad	Kasachstan / Portugal / Zimbabwe / C	Harare
D / Weißrussland / Minsk / Lomé / Sri Lanka	Myanmar (Birma) / Togo / Rumänien / Venezuela	San José / Bukarest / Accra / Duschanbe	Bangladesch / Ghana / Belgien / El Salvador	Buenos Aires / Brüssel / Khartoum / Hanoi	Turkmenistan / Sudan / Dänemark / Chile	N / Kopenhagen / Banjul / Taschkent	Gambia
Colombo / Belgrad / Jugoslawien / Senegal / T / E	Caracas / Dakar / Zagreb / Neu-Delhi / Indien	Tadschikistan / Kroatien / Sierra Leone / Jamaika / Kingston	San Salvador / Freetown / Tallinn (Reval) / Damaskus / Syrien	Vietnam / Estland / Kongo / Ecuador / Quito	Santiago / Brazzaville / Dublin / Peking / China	Usbekistan / Irland / Guinea / D / H	Conakry

Kreuzworträtsel Europa – Länder und Hauptstädte

Senkrecht

1 Hauptstadt von Liechtenstein
2 Hauptstadt von Island
3 Hauptstadt von Griechenland
4 Hauptstadt von Bulgarien
8 Hauptstadt der Ukraine
9 Hauptstadt von Ungarn
10 Hauptstadt von Irland
12 Hauptstadt von Belgien
16 Hauptstadt von Finnland
17 Hauptstadt von Slowenien
18 Hauptstadt der Schweiz
19 Hauptstadt von Litauen
20 Hauptstadt von Norwegen
22 Hauptstadt von Spanien
25 Hauptstadt der Slowakei
26 Hauptstadt von Monaco
28 Hauptstadt von Kroatien
30 Hauptstadt von Russland
31 Hauptstadt von Estland
35 Hauptstadt von Italien

Waagerecht

5 Hauptstadt der Türkei
6 Hauptstadt von Luxemburg
7 Hauptstadt von Schweden
11 Hauptstadt von Rumänien
13 Hauptstadt von Moldau
14 Hauptstadt von Lettland
15 Hauptstadt von Polen
21 Hauptstadt von Österreich
23 Hauptstadt von Weißrussland
24 Hauptstadt von Dänemark
27 Hauptstadt von Malta
29 Hauptstadt von Portugal
32 Hauptstadt der Niederlande
33 Hauptstadt von Albanien
34 Hauptstadt von Mazedonien
36 Hauptstadt von Tschechien
37 Hauptstadt von Deutschland
38 Hauptstadt von Bosnien u. Herzegowina
39 Hauptstadt von Frankreich
40 Hauptstadt von Jugoslawien
41 Hauptstadt von Großbritannien

Kreuzworträtsel Afrika – Länder und Hauptstädte

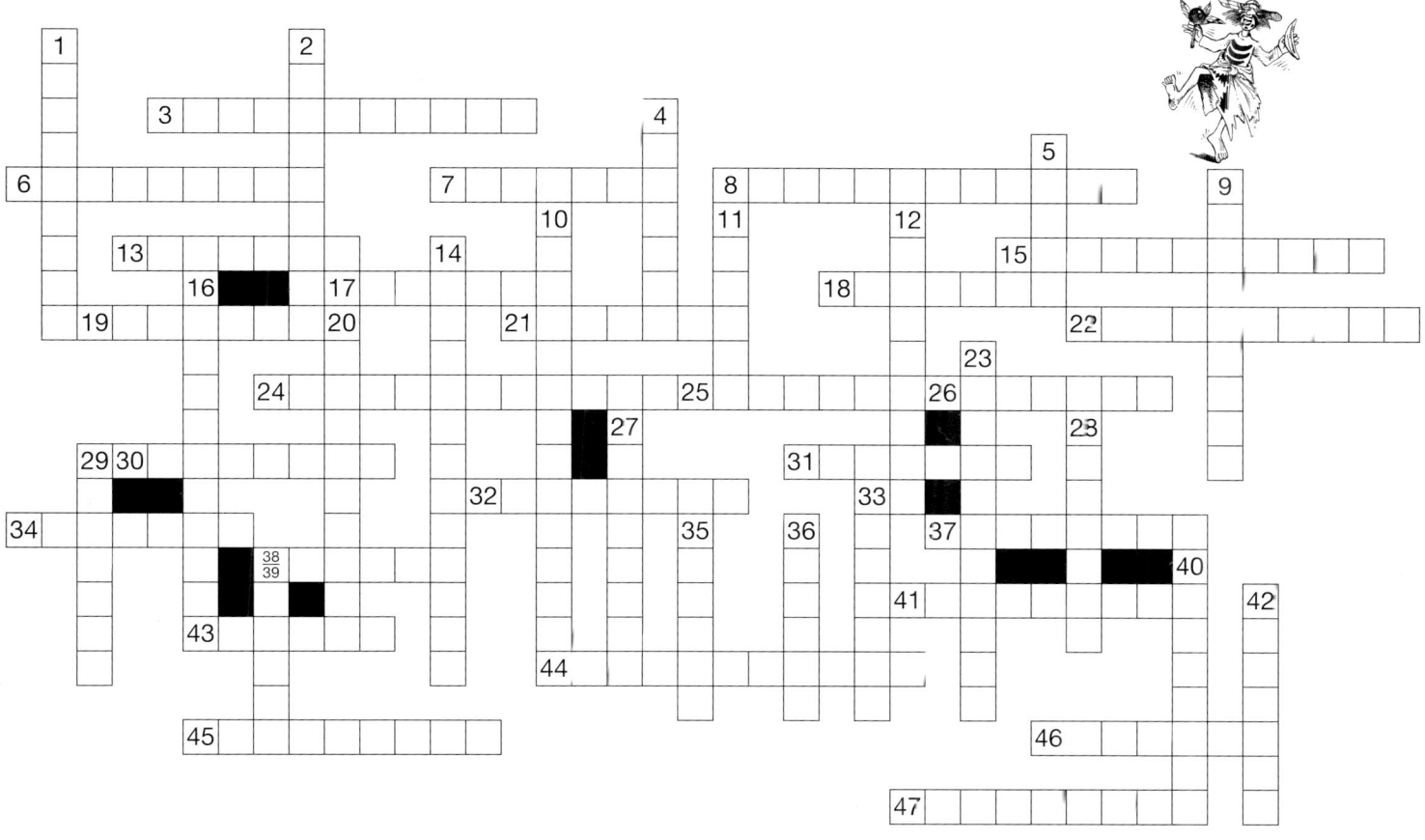

Senkrecht

1 Hauptstadt von Südafrika
2 Hauptstadt von Kongo (Zaire)
4 Hauptstadt von Simbabwe
5 Hauptstadt von Togo
9 Hauptstadt der Seychellen
10 Hauptstadt der Côte d'Ivoire
11 Hauptstadt von Nigeria
12 Hauptstadt von Botsuana
14 Hauptstadt von Madagaskar
16 Hauptstadt von Dschibuti
20 Hauptstadt von Burundi
23 Hauptstadt von Mauretanien
27 Hauptstadt von Kenia
28 Hauptstadt von Mosambik
29 Hauptstadt von Mali
33 Hauptstadt von Ruanda
35 Hauptstadt von Ghana
36 Hauptstadt von Tunesien
39 Hauptstadt von Ägypten
40 Hauptstadt von Swasiland
42 Hauptstadt von Äquatorialguinea

Waagerecht

3 Hauptstadt von Äthiopien
6 Hauptstadt von Libyen
7 Hauptstadt von Sambia
8 Hauptstadt von Kongo
13 Hauptstadt von Guinea-Bissau
15 Hauptstadt von Somalia
17 Hauptstadt von Angola
18 Hauptstadt von Kamerun
19 Hauptstadt von Tansania
21 Hauptstadt von Lesotho
22 Hauptstadt von Benin
24 Hauptstadt von Burkina Faso
25 Hauptstadt von Algerien
26 Hauptstadt von Niger
30 Hauptstadt von Namibia
31 Hauptstadt von Gambia
32 Hauptstadt von Guinea
34 Hauptstadt von Zentralafrika
37 Hauptstadt von Uganda
38 Hauptstadt von Senegal
41 Hauptstadt von Sudan
43 Hauptstadt von Marokko
44 Hauptstadt von Gabun
45 Hauptstadt von Liberia
46 Hauptstadt von Eritrea
47 Hauptstadt von Malawi

Kreuzworträtsel Amerika – Länder und Hauptstädte

Senkrecht

1 Hauptstadt von Belize
2 Hauptstadt von Venezuela
3 Hauptstadt von Mexiko
4 Hauptstadt von Jamaika
5 Hauptstadt von Chile
7 Hauptstadt von El Salvador
8 Hauptstadt von Kolumbien
9 Hauptstadt von Peru
11 Hauptstadt der Dominikanischen Republik
12 Hauptstadt von Bolivien
13 Hauptstadt von Uruguay
17 Hauptstadt von Nicaragua
22 Hauptstadt von Brasilien
24 Hauptstadt der Bahamas

Waagerecht

6 Hauptstadt von Argentinien
10 Hauptstadt von Paraguay
14 Hauptstadt der USA
15 Hauptstadt von Dominica
16 Hauptstadt von Ecuador
18 Hauptstadt von Kanada
19 Hauptstadt von Honduras
20 Hauptstadt von Guyana
21 Hauptstadt von Kuba
23 Hauptstadt von Panama
25 Hauptstadt von Suriname
26 Hauptstadt von Guatemala
27 Hauptstadt von Costa Rica
28 Hauptstadt von Barbados
29 Hauptstadt von Haiti

Kreuzworträtsel Asien – Länder und Hauptstädte

Senkrecht

1 Hauptstadt von Usbekistan
2 Hauptstadt der Malediven
3 Hauptstadt von Bahrein
4 Hauptstadt von Afghanistan
6 Hauptstadt des Libanon
7 Hauptstadt von Singapur
8 Hauptstadt von Sri Lanka
11 Hauptstadt von Armenien
15 Hauptstadt des Jemen
16 Hauptstadt des Irak
18 Hauptstadt von Georgien
21 Hauptstadt von Malaysia
24 Hauptstadt von Indien
25 Hauptstadt der Verein. Arabischen Emirate
26 Hauptstadt von Kasachstan
27 Hauptstadt von Saudi-Arabien
29 Hauptstadt von Kirgistan
34 Hauptstadt von Bhutan
35 Hauptstadt von Korea (Süd)
36 Hauptstadt von Oman
37 Hauptstadt von Kuwait
42 Hauptstadt von Katar

Waagerecht

5 Hauptstadt von Russland
9 Hauptstadt von Turkmenistan
10 Hauptstadt von Israel
12 Hauptstadt von Aserbaidschan
13 Hauptstadt von Japan
14 Hauptstadt der Philippinen
17 Hauptstadt von China
19 Hauptstadt von Pakistan
20 Hauptstadt von Vietnam
22 Hauptstadt von Taiwan
23 Hauptstadt von Korea (Nord)
28 Hauptstadt von Thailand
30 Hauptstadt der Türkei
31 Hauptstadt von Indonesien
32 Hauptstadt von Laos
33 Hauptstadt von Syrien
38 Hauptstadt von Bangladesch
39 Hauptstadt von Kambodscha
40 Hauptstadt von Nepal
41 Hauptstadt von Myanmar (Birma)
43 Hauptstadt von Jordanien
44 Hauptstadt von Tadschikistan
45 Hauptstadt der Mongolei
46 Hauptstadt des Iran

Kreuzworträtsel Europa –
Länder und Hauptstädte

Kreuzworträtsel Afrika –
Länder und Hauptstädte

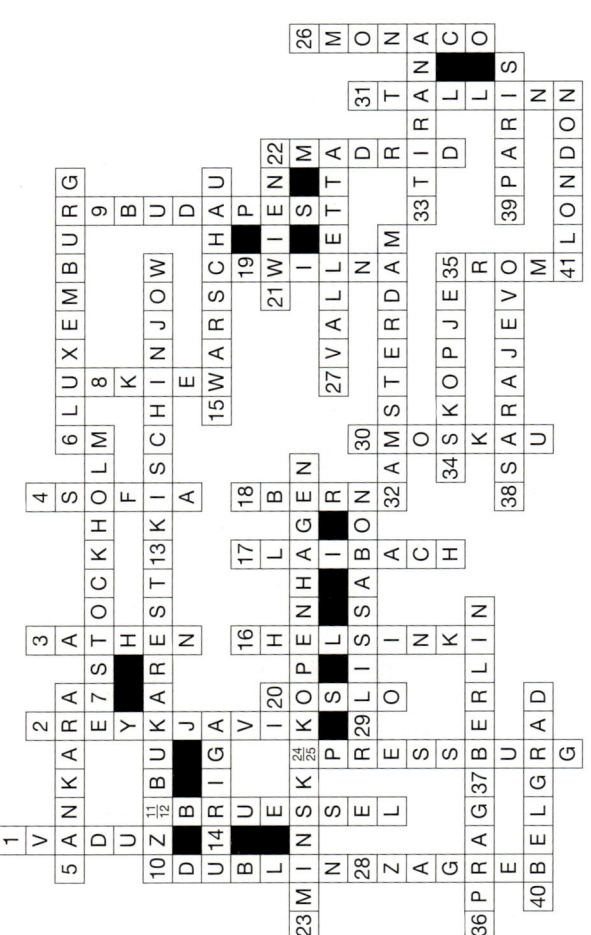

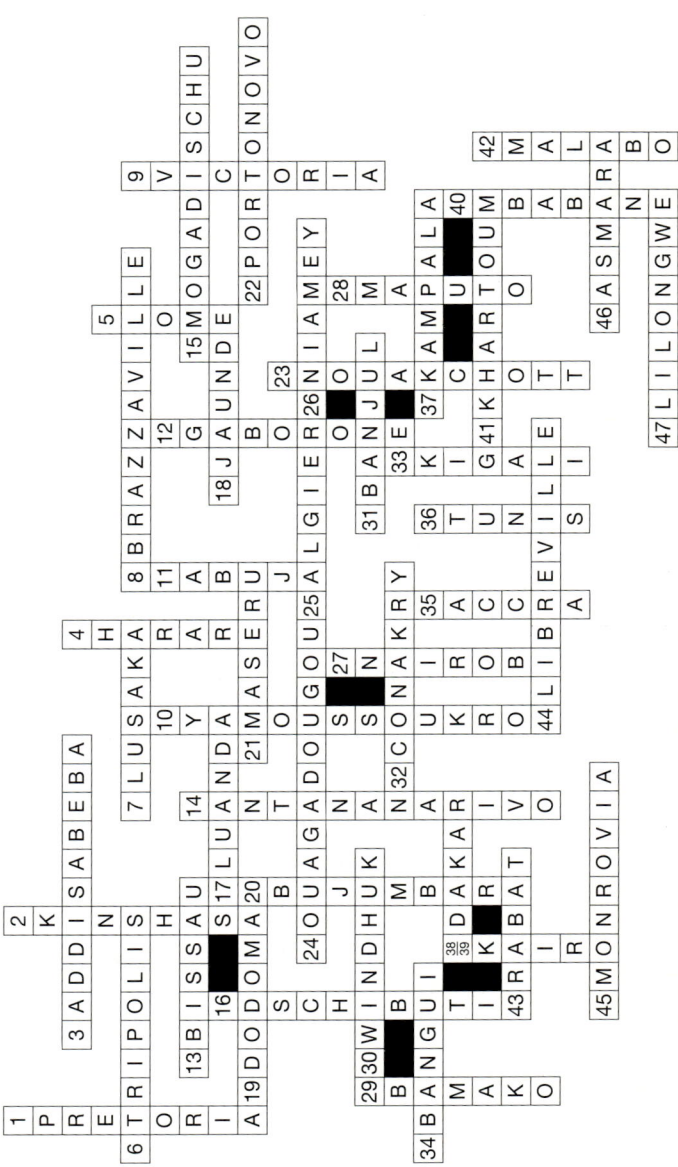

Senkrecht

1 VADUZ
2 REYKJAVIK
3 ATHEN
4 SOFIA
8 KIEW
9 BUDAPEST
10 DUBLIN
12 BRUESSEL
16 HELSINKI
17 LAIBACH
18 BERN
19 WILNA
20 OSLO
22 MADRID
25 PRESSBURG
26 MONACO
28 ZAGREB
30 MOSKAU
31 TALLINN
35 ROM

Waagerecht

5 ANKARA
6 LUXEMBURG
7 STOCKHOLM
11 BUKAREST
13 KISCHINJOW
14 RIGA
15 WARSCHAU
21 WIEN
23 MINSK
24 KOPENHAGEN
27 VALLETTA
29 LISSABON
32 AMSTERDAM
33 TIRANA
34 SKOPJE
36 PRAG
37 BERLIN
38 SARAJEVO
39 PARIS
40 BELGRAD
41 LONDON

Senkrecht

1 PRETORIA
2 KINSHASA
4 HARARE
5 LOME
9 VICTORIA
10 YAMOUSSOUKRO
11 ABUJA
12 GABORONE
14 ANTANANARIVO
16 DSCHIBUTI
20 BUJUMBARA
23 NOUAKCHOTT
27 NAIROBI
28 MAPUTO
29 BAMAKO
33 KIGALI
35 ACCRA
36 TUNIS
39 KAIRO
40 MBABANE
42 MALABO

Waagerecht

3 ADDISABEBA
6 TRIPOLIS
7 LUSAKA
8 BRAZZAVILLE
13 BISSAU
15 MOGADISCHU
17 LUANDA
18 JAUNDE
19 DODOMA
21 MASERU
22 PORTONOVO
24 OUAGADOUGOU
25 ALGIER
26 NIAMEY
30 WINDHUK
31 BANJUL
32 CONAKRY
34 BANGUI
37 KAMPALA
38 DAKAR
41 KHARTOUM
43 RABAT
44 LIBREVILLE
45 MONROVIA
46 ASMARA
47 LILONGWE

Kreuzworträtsel Amerika – Länder und Hauptstädte

Kreuzworträtsel Asien – Länder und Hauptstädte

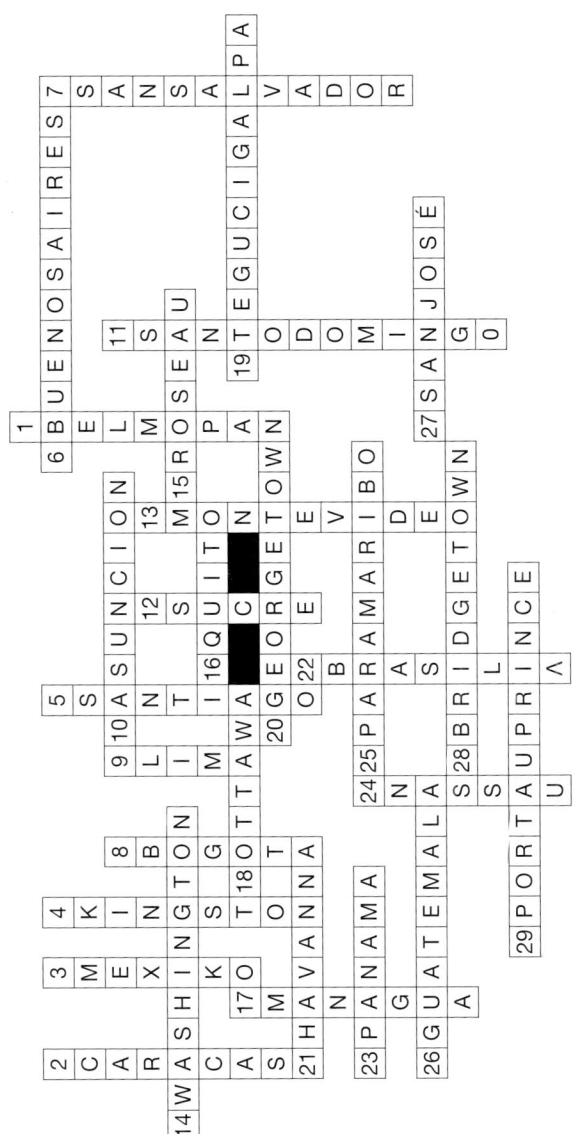

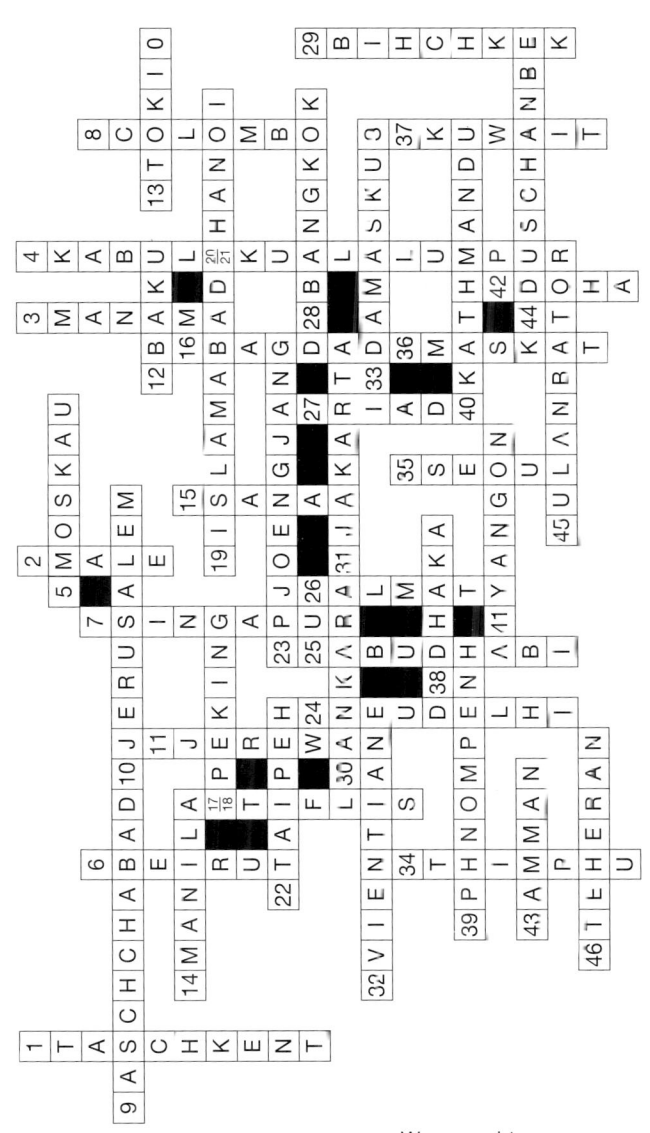

Amerika

Senkrecht

1 BELMOPAN
2 CARACAS
3 MEXIKO
4 KINGSTON
5 SANTIAGO
7 SANSALVADOR
8 BOGOTA
9 LIMA
11 SANTODOMINGO
12 SUCRE
13 MONTEVIDEO
17 MANAGUA
22 BRASILIA
24 NASSAU

Waagerecht

6 BUENOSAIRES
10 ASUNCION
14 WASHINGTON
15 ROSEAU
16 QUITO
18 OTTAWA
19 TEGUCIGALPA
20 GEORGETOWN
21 HAVANNA
23 PANAMA
25 PARAMARIBO
26 GUATEMALA
27 SANJOSÉ
28 BRIDGETOWN
29 PORTAUPRINCE

Asien

Senkrecht

1 TASCHKENT
2 MALE
3 MANAMA
4 KABUL
6 BEIRUT
7 SINGAPUR
8 COLOMBO
11 JEREWAN
15 SANAA
16 BAGDAD
18 TIFLIS
21 KUALALUMPUR
24 NEUDELHI
25 ABUDHABI
26 ALMATY
27 RIAD
29 BISCHKEK
34 THIMPHU
35 SEOUL
36 MASKAT
37 KUWAIT
42 DOHA

Waagerecht

5 MOSKAU
9 ASCHCHABAD
10 JERUSALEM
12 BAKU
13 TOKIO
14 MANILA
17 PEKING
19 ISLAMABAD
20 HANOI
22 TAIPEH
23 PJOENGJANG
28 BANGKOK
30 ANKARA
31 JAKARTA
32 VIENTIANE
33 DAMASKUS
38 DHAKA
39 PHNOMPENH
40 KATHMANDU
41 YANGON
43 AMMAN
44 DUSCHANBE
45 ULANBATOR
46 TEHERAN